鹰拳秘传绝技

吴 尚 著

北京体育大学出版社

策划编辑　吴海燕
责任编辑　吴海燕
审稿编辑　苏丽敏
责任校对　李　涛
排版制作　联众恒创

图书在版编目（CIP）数据

鹰拳秘传绝技 / 吴尚著. -- 北京 : 北京体育大学出版社, 2018.8
ISBN 978-7-5644-3038-2

Ⅰ. ①鹰… Ⅱ. ①吴… Ⅲ. ①象形拳—基本知识 Ⅳ. ①G852.18

中国版本图书馆CIP数据核字(2018)第188420号

鹰拳秘传绝技　　吴　尚　著

出　　版	北京体育大学出版社
地　　址	北京海淀区中关村北大街信息路 48 号
邮　　编	100084
电　　话	010–62989320
网　　址	http://cbs.bsu.edu.cn
印　　刷	北京昌联印刷有限公司
开　　本	710 × 1000　1/16
印　　张	13.25
字　　数	233 千字
印　　数	4000 册

2018年11月第1版第1次印刷
定价：30.00元
（本书因印制装订质量不合格本社发行部负责调换）

作者简介

吴尚，1993年6月毕业于河南大学体育系，教育学硕士。现为河南警察学院警务技能教研室主任，一级警督，副教授。

曾出版专著1部，主编院级统编教材1部，发表论文30多篇，主持课题10余项。

曾获河南省优秀人民警察、河南省公安系统大练兵先进个人、河南省公安系统优秀教师（3次）、郑州市师德标兵（授郑州市五一劳动奖章）、郑州市新长征突击手、开封市新长征突击手等荣誉称号。荣立集体二等功1次、三等功2次，个人三等功6次、嘉奖8次。

多次带领校武术队参加大学生武术比赛，曾获男子团体第一、女子团体第一、多个单项冠军等优异成绩。

鹰拳，中国象形拳一大名技，“大力鹰爪谁能挡，犹如雄鹰下鸡场；鹰击长空响声锐，武林鹰拳名飞扬”。因其多用鹰爪，故常称作“鹰爪拳”。此派拳法，模拟鹰形，架势优美，动作有力，练之使人精神抖擞，英气勃发。

本书三拳源自吴英双师傅秘传，为利读者习练，分级编排。其初级为入门拳，精简易学；其中级，增加了招式变化，加大了发力练习；其高级，则突出抓打、擒拿、翻崩、滚靠、挑压、搂抱、钩挂、撑踹等重要技法。

大力鹰爪功，鹰派必修之功，鹰门立拳之本。浑元大力鹰爪功，鹰爪名功之一，以刚为主，内外兼修，功效显著；一旦练成，双爪劲力超常，犹如铁钳钢钩，可碎杯弯铁，折竹裂木。

鹰拳技击，擅使鹰爪，联合踢打，变化多端。鹰拳抓击，鹰击惯用之法，先用鹰爪抓控造势，乘机打敌难逃。鹰拳擒跌，鹰击混成之法，溶擒拿、抓击、摔跌于一炉，既可致敌跌趴，又可折敌筋骨，重可致敌伤瘫。

目 录

第一章　鹰爪拳初级套路

这是一套鹰爪拳入门拳法，造型美观，动作舒展，结构严谨，招法精简，易学易练。练好此套拳路法，可为进修中高级套路打下坚实基础。

一、请手

1. 并步正身直立，两手垂于体侧，呼吸自然。目视前方。（图 1–1）

2. 两掌上提，至两大腿外侧髂骨部位时，右掌握拳收抱腰间，左掌向右，掌心贴抵右拳面。目视两手。（图 1–2）

3. 左脚向前半步，脚尖点地，右腿屈膝，成左虚步。同时，右拳左掌一齐向正前方推出，高与颌平。目视前方。（图 1–3）

图 1–1　　图 1–2　　图 1–3

二、雏鹰盘翅

1. 左虚步不变，右拳变掌，两掌向左右两侧分开，左上右下，左掌掌心向上，高与头顶平，右掌掌心向后，掌尖向右斜下方，头左转。目视左掌。（图 1–4）

图 1–4

2. 两掌向胸前合拢，左下右上，掌心向上，交腕后，两掌旋转成掌心向下互推至肘部。同时，左腿盘膝，小腿外侧搁置于右大腿上。眼先随手走，最后，目视左前方。（图 1–5）

3. 右腿屈膝，成盘腿平衡势。两掌继续旋转，掌心向上时扣指成爪，爪心向上，右爪置于左膝前侧，左爪置于右腹角前侧。目视左前下方。（图 1–6）

图 1–5

图 1–6

4. 动作不停，两爪由下经体侧向后上分展，爪心向上，左爪高与头平，右爪略低于肩。目视左前方。（图 1–7）

图 1–7

三、老鹰压翼

1. 左脚向左前侧跨出一步，成左弓步。右爪捋带至右腰侧，爪心向下；左爪变掌，以侧立掌向左前方推出。目视左掌。（图 1–8）

2. 左脚向前蹬地摆起，右脚内侧靠击左脚跟，成击步，两膝伸直，左脚掌全面着地，右脚跟悬提，脚尖点地。同时，左掌外旋向下，向前上突变鹰爪，立爪叼抓；右爪外旋向后捋带，至斜后方成反爪。目视左爪。（图 1–9）

图 1–8　　图 1–9

3. 左脚向前蹿步，身微左转，上体左倾，右腿屈膝后抬。同时，左爪略旋，虎口向上；右爪不变。目视左爪。（图 1–10）

4. 右脚向前蹿跃，全脚掌落地，左脚顺势以脚前掌拖地跟上，成左半跪步。同时，右臂向上屈肘，再向前下叠肘；左爪变掌外旋托拍右前臂下。目视右肘。（图 1–11）

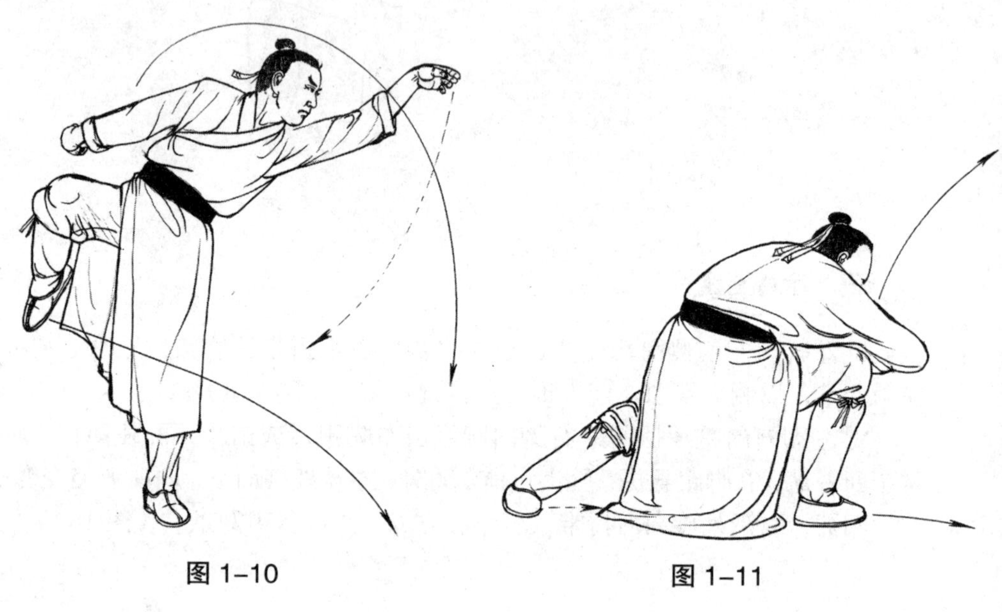

图 1–10　　图 1–11

四、铁鹰挥翼

右脚向前半步，成右弓步。同时，左掌向下俯按，高与腹平；右拳向上，向前屈臂翻扣，拳心向上，高与额平。目视右拳。（图 1–12）

图 1–12

五、秃鹰压枝

1. 左脚跟进一步，屈膝下沉，成半跪步，左脚跟悬提。同时，右拳变掌内旋，屈臂经腹前，即外旋突变鹰爪，俯爪叼抓，虎口斜向前方；左爪置于右腋前侧，爪心向下。目视右爪。（图1–13）

图 1–13

2. 左脚向前跨进一大步，两腿屈膝半蹲，成马步。同时，右爪收置右腹角侧，爪心向后，虎口斜向左下方；左臂先内旋向左前方伸展，后快速外旋屈肘下压，爪心向上；上体左俯，目视左爪。（图 1–14）

图 1–14

六、铁鹰抓喉

身体左转，重心左移，成左弓步。同时，右爪向前快速抓出，虎口、爪心斜向前方，高与颌平；左爪内收，置于右后臂下侧、右腹前方，爪心向下。目视右爪。（图 1–15）

图 1–15

七、雏鹰推窗

两脚向前滑进半步，重心后移，成马步。同时，左爪微内旋，变掌横向左体侧击出，力达掌棱，掌尖斜向前上方，高与鼻平；右爪变掌收至左肩前侧，掌心向里。目视左掌。（图1-16）

图 1-16

八、鹞鹰回身

1. 身体右转，重心移于左脚，右腿屈膝提起。左掌变拳收抱左腰间；右掌外旋经左肋过腹，沿右大腿向右侧斜下横拨，屈指成爪，爪心向下，高与右前胫下段平，上体略俯。目视右爪。（图 1-17）

2. 右脚向右外侧落步，两腿屈膝半蹲，成马步。同时，右爪内旋转腕，突变俯爪向前叼抓，虎口斜向前方，高与胸平；左拳抱于腰间不变。目视右爪。（图 1-18）

图 1-17

图 1-18

3. 马步不变。左拳变掌前伸，按于右肘上侧经右前臂向前擦压；右爪同时向下按劲。目视右爪。（图 1–19）

4. 右脚向前上步，成右弓步。右爪内旋往后捋带于右耳旁，成立爪，爪心向外，虎口向前；左掌内旋成侧立掌，向前推出，掌尖高与目平。目视左掌。（图 1–20）

图 1–19　　图 1–20

九、捋爪抹掌

1. 左脚向前绕盖右脚前，成左拐步。同时，左掌外旋屈臂，经腹前即内旋变爪叼抓，置于左颌侧，虎口向前，爪心向右；右爪变掌微外旋前伸，突变爪成倒立爪叼抓，虎口向前，高与左膝平。目视右爪。（图 1–21）

图 1–21

2. 身体微左转，右腿先屈膝再绷直，脚尖抬起，再向前方挺膝勾脚尖擦地抄脚。同时，右爪内旋画小平圈使爪心向下，即往前抹出；左爪微外旋置于右肩前侧。目视右爪。（图 1–22）

图 1–22

十、雄鹰冲网

1. 步型不变。身微左转，右爪先微内旋，急速外旋成倒立爪叼抓；左爪收抱左腰间，爪心向上。目视右爪。（图 1–23）

2. 重心前移右脚，成右弓步。同时，右爪向后捋带，外旋变仰拳收抱于右腰间；左爪变拳向前冲出，高与肩平，拳眼向上。目视左拳。（图 1–24）

图 1–23　　图 1–24

十一、鹞鹰戏鼠

1. 左脚向前上进一步，成左弓步。同时，左拳微外旋屈肘上挑，拳面向上，拳心对面；右拳不变。目视左拳。（图 1–25）

2. 体微左转，右脚向前上进一步，成右弓步。同时，右拳向前冲出，拳心向下；左拳变爪向左腰侧收回，爪心向下，虎口向前。目视右拳。（图 1–26）

图 1–25　　图 1–26

十二、鹞鹰旋身

1. 右脚以前脚掌碾地，身体左转，左脚向右脚后方插步，两腿微屈膝。右拳外旋屈臂变掌，掌心向上，向左肩前侧上方穿出，高与鼻平；左爪变掌，沿右臂外侧收向右肋，掌心向上。目视右掌。（图 1–27）

图 1–27

2. 步型不变。上体略右转，右臂外旋，右掌向下，向右划，置于右侧下方，高与胯平，虎口向上，掌尖向右后方；左掌上收右胸前，掌心向上，掌尖向右。目视右掌。（图 1–28）

3. 身体左转，右脚以脚前掌向外、向后做半月弧形扫腿，至右侧方时，脚跟突然着地，左腿屈膝，成左弓步。同时，右掌向左前穿提，至左胸前方，掌尖向上，掌心斜向左前方；左掌护于右腕内侧。目视右掌。（图 1–29）

图 1–28　　图 1–29

十三、鹰落平沙

1. 身体右转，重心下降，成右仆步。同时，左掌变拳收抱腰左侧；右掌以立掌收至左肩前。目视右侧前下方。（图 1–30）

图 1–30

2. 重心前移，成右弓步。同时，右掌向前，经右脚面外旋，搂手变仰掌收抱右腰间；左拳向前冲出，高与肩平。目视左拳。（图 1–31）

图 1–31

十四、鹞鹰转身

1. 右弓步不变。左拳收抱左腰间；右拳内旋，向前冲出，高与肩平，拳心向下。目视右拳。（图 1–32）

2. 左转体，重心左移，成左弓步。同时，右拳外旋，收抱右腰间，左拳向前冲出，高与肩平。目视左拳。（图 1–33）

图 1–32　　图 1–33

十五、秃鹰亮爪

1. 左脚略向外移，两腿屈膝下蹲，重心偏于左腿，右膝略屈跪，身体左转略前倾。同时，左拳旋转变仰掌，下压至左膝前，掌心向上；右拳变掌，旋转成俯掌向左经左臂向前抹出，高与眼平，掌棱向前，掌心向下。目视左掌。（图 1–34）

图 1–34

2. 右脚向前上步，脚尖虚点地面，左腿略屈，成右高虚步。同时，右掌外旋向下，收于右腰间，掌心向上；左掌上划，侧掌前推，高与眉额平，掌棱向前，掌尖向上。目视左掌。（图 1–35）

3. 步型不变，身体左转。同时，左掌变爪下按，高与肋平；右掌变爪向前抓出，高与额平，爪心向下，身体前倾。目视右爪。（图 1–36）

图 1–35

图 1–36

十六、雄鹰追虎

1. 左脚向前上进一步，成左弓步。同时，右爪内旋，反臂变掌屈臂里收，拍左腕背；身向右转，左肘向上，向右下画小弧拐肘下压，肘尖向前，略低于左肩，左爪变拳。目视左肘。（图 1–37）

2. 重心移于右腿，左腿伸膝，成左高虚步。同时，右掌变拳转腕，拳心向上；左拳变掌，抵住右拳面，向后收至右肋侧。目视左前方。（图 1–38）

图 1–37　　图 1–38

3. 左腿勾脚内扣向左侧蹬出，脚尖向上，高与裆平。目视左脚。（图 1–39）

图 1–39

4. 左脚一落地，即蹬地向前摆起，右脚内侧向左脚跟靠击，成击步。同时，左掌向前伸出，向左侧前方突变鹰爪，立爪叼抓；右拳变仰爪抱于右腰侧。目视左爪。（图 1–40）

5. 左脚前掌落地，右脚随即前跨一步，成右弓步。同时，左爪外旋变掌，向左下再微向右画小弧按掌，高与鼻平，掌棱斜向前，掌尖向上；右爪于右腰间变掌。目视左掌。（图 1–41）

图 1–40

图 1–41

十七、黑鹰抓食

1. 身体微左转，两腿屈膝半蹲，成马步。同时，右掌变拳从右腰侧向前冲出，高与肩平，拳眼向上；左掌以立掌里收，置于右腋前侧。目视右拳。（图 1–42）

图 1–42

2. 左脚向右脚后方插步，脚前掌着地，脚跟悬提。同时，右拳内旋成俯拳收回，迅疾外旋向上，向前屈臂反扣成爪，爪心向上，高与肩平；左掌成横掌向前下按，置于右腋下。目视右爪。（图 1–43）

图 1–43

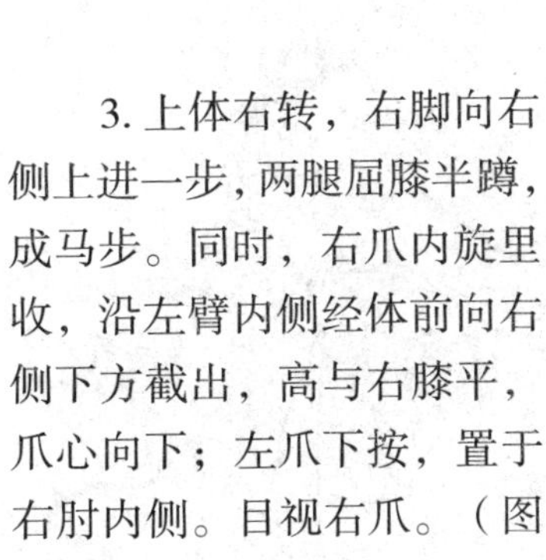

3. 上体右转，右脚向右侧上进一步，两腿屈膝半蹲，成马步。同时，右爪内旋里收，沿左臂内侧经体前向右侧下方截出，高与右膝平，爪心向下；左爪下按，置于右肘内侧。目视右爪。（图 1–44）

图 1–44

十八、鹞子寻食

1. 右脚前移，成右弓步。同时，右爪变拳向后、向上向前屈臂反扣而出，拳心向里，高与额平；左爪变掌向前，向下画弧，置于右肘下侧，掌棱向前。目视右拳。（图 1–45）

图 1–45

2. 左脚垫步，右脚向前一步，两腿屈膝半蹲，成马步。同时，左掌变拳收于左腰间；右拳下收转腕变爪，向前抓出，高与头平。目视右爪。（图 1–46）

图 1–46

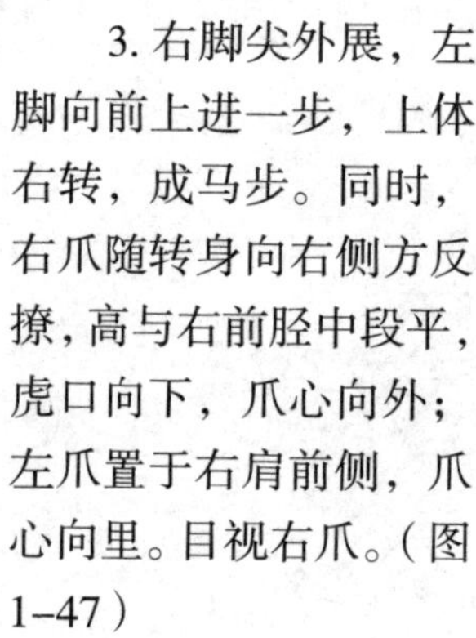

3. 右脚尖外展，左脚向前上进一步，上体右转，成马步。同时，右爪随转身向右侧方反撩，高与右前胫中段平，虎口向下，爪心向外；左爪置于右肩前侧，爪心向里。目视右爪。（图 1–47）

图 1–47

十九、鹰敲天门

1. 身体微右转，右脚前移，成右弓步。同时，右爪外旋上抄叼抓，高与鼻平，爪心向下；左爪收至左腰间，爪心向上。目视右爪。（图 1–48）

图 1–48

2. 身体继续右转，左脚向前上进一步，脚尖点地，全蹲，成开丁步。同时，左拳向后上、向前下画弧，屈臂叠肘；右爪外旋变掌，托拍左前臂下。目视左肘前方。（图 1–49）

图 1–49

3. 左脚向前迈出一步，成左弓步。同时，左拳先内旋翻转使拳心向下，然后向前上方屈臂反扣，拳心向里；右掌微内旋向前下画弧，置于左后臂下侧、左肋前方。目视左拳。（图 1–50）

图 1–50

二十、狡鹰戏爪

1. 步型不变。左拳内旋变掌，突变鹰爪，俯爪叼抓，虎口向上；右掌旋腕扣指成爪，原位不变。目视左爪。（图 1–51）

图 1–51

2. 右脚向前上进一步，成右弓步。同时，左爪稍向下收带；右爪前伸内旋叼抓，虎口向前，高与胸平。目视右爪。（图 1–52）

图 1–52

3. 步型不变。左爪向前抓出，高与鼻平，虎口向上，爪心斜向前方；右爪向下捋带，置于右膝前上侧方，虎口向前。目视左爪。（图 1–53）

图 1–53

二十一、鹰翅排云

1. 身体左转，右脚尖里扣，成马步。同时，右爪变拳向前冲出，高与肩平，拳眼向上；左爪变掌，收至右肩前侧成立掌。目视右拳。（图 1–54）

图 1–54

2. 身体左转，左脚脚尖外展，左掌向左侧弧形前推，高与肩平，掌尖向上；右拳收抱右腰间。目视左掌。（图 1–55）

3. 重心左移，成左弓步。同时，右拳向前冲出，高与肩平，拳心向下；左掌外旋变拳收抱左腰间。目视右拳。（图 1–56）

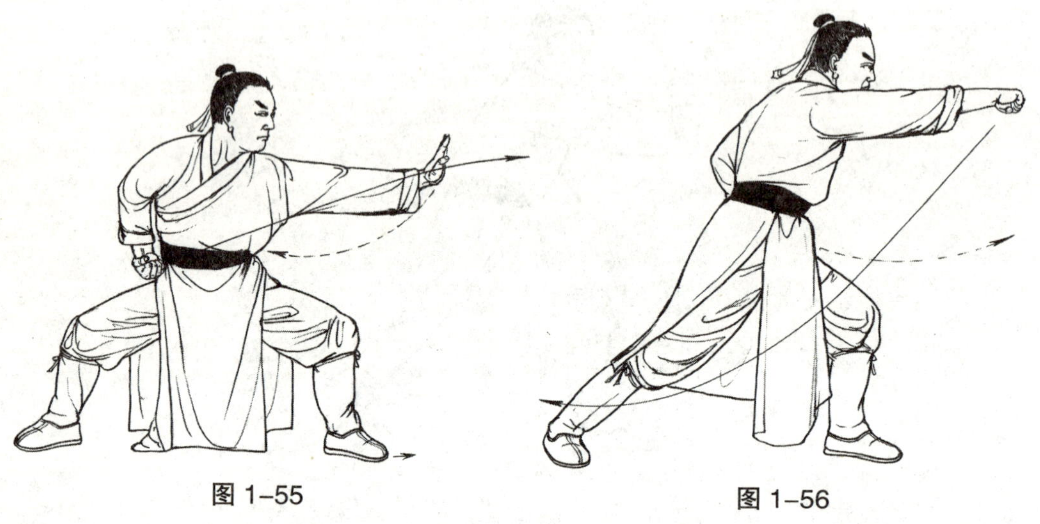

图 1–55　　图 1–56

二十二、雄鹰归巢

1. 身体右转，重心移于左腿，屈膝全蹲，右腿伸直仆地，成右仆步。同时，右拳变掌向右下分，伸展于右踝上侧，掌心向上；左拳变掌，斜伸于左侧斜上方，高过头顶，虎口向上，掌尖斜向左上方。目视右掌。（图 1–57）

图 1–57

2. 身体略起，右脚内收半步；两臂收拢胸前，左掌心贴抱右拳面。随即，左脚向正前方上半步，重心移于右腿，屈膝半蹲，成左虚步；同时，右拳、左掌一齐向前推移而出，高与颌平。目视前方。（图 1–58）

3. 左脚后退半步，与右脚并步，正身直立。左掌变拳，两拳同时收抱腰间。目视前方。（图 1–59）

4. 两拳变掌，垂于体侧。调匀呼吸，收势。（图 1–60）

图 1–58

图 1–59

图 1–60

第二章　鹰爪拳中级套路

此套拳法为鹰爪拳中级套路，在注重招式变化的同时，更注重发力练习。整套拳法结构严谨，气势威武，时有发声助威，雄健有力。

一、请手

1. 并步正身直立，两掌垂于体侧，呼吸自然。目视前方。（图 2–1）

2. 两掌上提，至两大腿外侧髂骨部位时，右掌握拳收抱腰间；左掌向右，掌心贴抵右拳面。目视两手。（图 2–2）

3. 左脚向前半步，脚尖点地，右腿屈蹲，成左虚步。同时，右拳、左掌一齐向正前方推出，高与颌平。目视前方。（图 2–3）

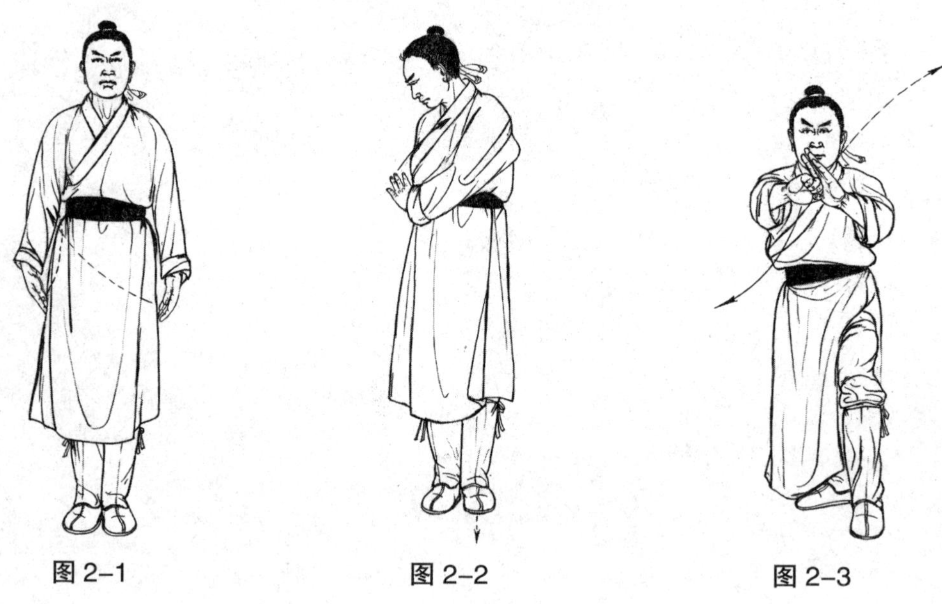

图 2–1　图 2–2　图 2–3

二、雏鹰盘翅

1. 左虚步不变。右拳变掌，两掌向左右两侧分开，左上右下，左掌掌心向上，高与头顶平；右掌掌心向后，掌尖斜向右下方；头左转。目视左掌。（图 2–4）

2. 两掌向胸前合拢，左下右上，掌心向上，交腕后，两掌旋转成掌心向下互推至肘部。同时，左腿盘膝，小腿外侧搁置于右大腿上。眼先随手走，最后，目视左前方。（图 2–5）

图 2–4

3. 右腿屈膝，成盘腿平衡势。两掌继续旋转，掌心向上时扣指成爪，爪心向上，右爪置于左膝前侧，左爪置于右腹角前侧。目视左前下侧方。（图 2–6）

4. 动作不停，两爪由下经体侧向后上分展，爪心向上，左爪高与头顶平，右爪略低于肩。目视左前方。（图 2–7）

图 2–5　　图 2–6　　图 2–7

三、黑鹰蹬枝

1. 左脚向左前侧落步，身体左转，右脚向前蹬踢，脚尖勾紧向上，高与裆平。同时，两爪成掌，向胸前收拢之际，迅疾旋拧分开变爪，左爪在前，高与胸平，虎口向前，爪心向上；右爪置于左胸侧前，虎口向前，爪心向下。目视左爪。（图2–8）

图 2–8

2. 右脚向前落步，脚尖外展，伸腿独立，膝部略屈，左腿屈膝向前提起，脚面绷直，脚尖向下。同时，两爪向前后伸出，右臂平肩，勾腕，虎口向后；左爪在前，屈臂，爪高与额平，虎口向前，拇指在上。目视左爪。（图 2–9）

图 2–9

四、黑鹰舒翼

1. 左脚向前落步，右脚收拢，成并步，上体右转。同时，两爪收至胸前交叉，成十字手，随即呼气发力，两爪向左右展臂分开，两爪平肩，虎口向前，爪心向下。目视前方。（图 2–10）

2. 左脚向左横开一步，两腿屈膝半蹲，成马步。同时，两爪向胸前合拢，两臂相交，左内右外，两虎口均向上，左爪心对右肩，右爪心对左肩。目视前方。（图 2–11）

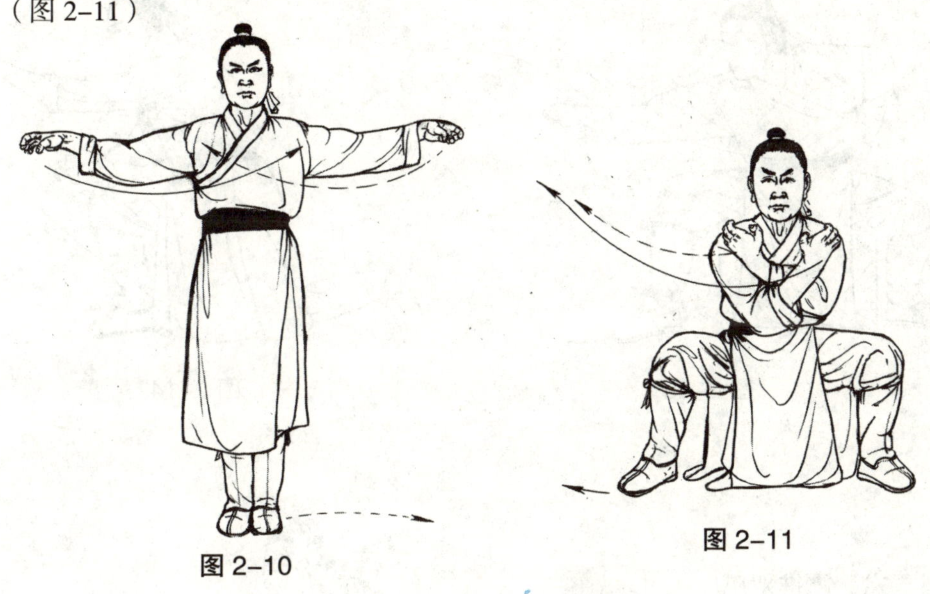
图 2–10　图 2–11

五、雄鹰试爪

1. 右脚向右移步，右转身，成右弓步。同时，两爪变掌，掌心向上，略一分开即向前平砍，使两腕相交，左腕背贴右腕脉门，高与颌平。目视双掌。（图 2–12）

图 2–12

2. 屈左膝，左转身，成马步。同时，右掌收至右腰间，旋腕扣指成爪，爪棱贴腰间；左掌变爪，屈肘内旋，经胸前随体转向左抓出，高与肩平，虎口向上，爪心向前。目视左爪。（图 2–13）

3. 左脚前上半步，右脚后蹬，屈膝下跪，向左转体，成左跪步。同时，右爪从腰间向前抓出，高与鼻平，虎口斜向前，爪心向下；左爪屈肘置于右肘下方，虎口向上。目视右爪。（图 2–14）

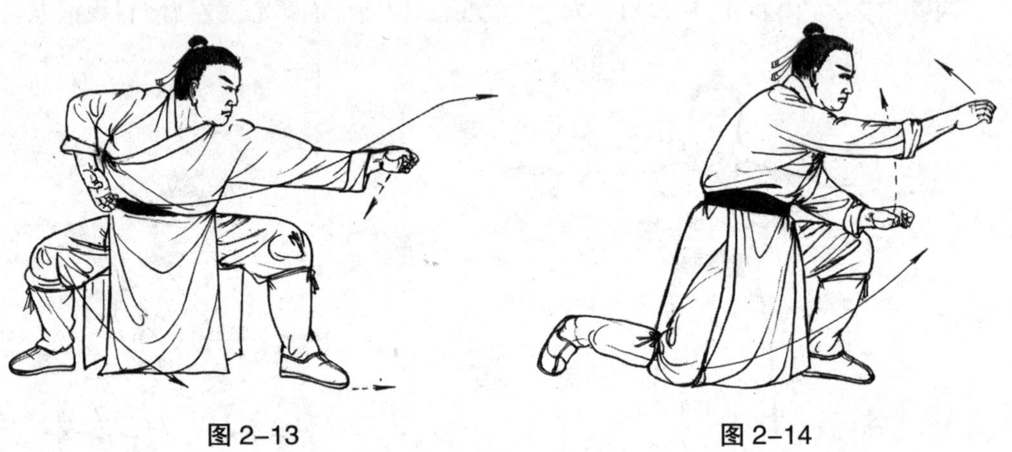

图 2–13　　图 2–14

六、鹰推双爪

1. 重心移于左腿，右腿屈膝向前提起，左腿略屈。同时，两爪向左右分展，肘臂屈曲，高与耳平，立爪坐腕，胸稍前俯。目视前下。（图 2–15）

图 2–15

2. 右脚向前迈落一步，左脚跟进半步，屈膝，成半跪步。同时，两爪向前下弧形推抓，高与颌平，两虎口相对，爪心向前。目视双爪。（图 2–16）

图 2–16

七、鹞鹰擒拿

1. 体稍左转，右脚跟右碾，左脚跟向内收落，屈膝蹲成马步。同时，左爪变拳收抱左腰间；右爪变拳下收，继向前冲出，高与肩平，拳眼向上。目视右拳。（图 2–17）

2. 左脚向右前上一步，右脚迅速向前踩出一步，脚尖外摆，两膝屈扭，成交叉步。同时，上体略右转，右拳变掌旋转向下扣指叼抓，置于小腹前侧，虎口向外，爪心向前；左拳变爪，弧形划至右肩前侧，虎口向里，爪心向右，随即头左转。目视前方。（图 2–18）

图 2–17

图 2–18

3. 右脚尖内扣，上身略起左转。同时，左爪收于左腰间，爪心向上；右臂屈肘向前横出，高与肩平，右爪置于右胸前侧，爪心向下。目视右肘。（图2–19）

4. 右脚前移半步，左腿蹬伸，成右弓步。同时，右肘内收于右肋外侧，右爪横置胃脘前侧，虎口向前，爪心向上；左爪从腰间向前抓出，至臂伸直的瞬间，勾腕叼抓，爪心向里，爪背向前，高与鼻平。目视左爪。（图2–20）

图 2–19　　图 2–20

八、雄鹰撩爪

1. 左转体，左脚跟内收，两腿屈膝半蹲，成马步。同时，左爪变拳收回腰间；右爪变拳向右平肩冲出，拳心向下。目视右拳。（图 2–21）

图 2–21

2. 上体左转，马步不变。同时，右拳收抱右腰间；左拳变掌向左平肩插出，掌心向下。目视左掌。（图 2–22）

3. 左脚前移，右脚尖内扣，右腿蹬挺，成左弓步。同时，右拳变爪，从腰间向下再向前画弧，向上撩抓，高与小腹平，爪心向上；左掌变爪，屈肘立于右后臂前侧上方，虎口向里。目视右爪。（图 2–23）

图 2–22　　图 2–23

九、鹰锁长空

1. 重心后移，左脚收回半步，成左虚步。同时，右爪变拳，屈肘收回腰间；左爪变掌从右前臂上向前下方切掌，掌心向下，掌棱向前，高与左膝平。目视左掌。（图 2–24）

图 2–24

2. 左脚向左横开一步，屈膝半蹲，成马步。同时，两手成拳内收，至腹前时，猛然向前上提撞，两拳相并，高与鼻平，屈肘竖臂，拳心对面。目视两拳。（图 2–25）

3. 右腿蹬挺，重心移于左腿，成横裆步。同时，左拳收回抱于腰间；右拳旋转向前冲出，高与肩平，拳心向下。目视右拳。（图 2–26）

4. 步型不变。右拳伸指成掌，随即，旋腕转掌，屈指叼抓成爪，虎口向前；左拳抱腰不变。目视右爪。（图 2–27）

图 2–25

图 2–26　　图 2–27

十、鹞鹰回首

1. 右脚向左脚前方上步，随即上体左转，左脚向右后侧插步，然后右转体，成右盖左插步。左拳随转身向上举臂架拳，肘部成弧状，拳高于头顶，

拳心向外；右爪变拳收于左肋前外侧，拳心向下，头右转。目视右后侧方。（图 2–28）

2. 步型不变，上身向右俯转。同时，右拳变掌向右后侧方画弧，至臂伸直之际，猛转腕扣指叼抓，略低于肩，爪心向下；左拳变爪屈臂置于右腋前，爪心向里。目视右爪。（图 2–29）

图 2–28

图 2–29

十一、老鹰卷翅

1. 身体左转，重心移于左腿，成左弓步。同时，左臂屈肘，随左转身向左顶出，高与肩平；右爪屈肘收于腰间。目视左肘。（图 2–30）

2. 右脚内移半步，随即左脚向后退一大步，左转体约 180 度，成左弓步（横裆步）。同时，右爪随转身，竖臂向左横裹，爪置于头部左侧，虎口向右；左爪随

图 2–30

转身下收，置于右肋前外侧，爪心向下，虎口向右。目视右斜前方。（图 2–31）

3. 右脚向左前上进一步，上体左转，左腿屈膝，右脚前掌点地，成右虚步。同时，右爪向下收，至右腰间旋腕，虎口向前，爪心向里；左爪翻转向前弧形上撩，高与额平，爪心向上。目视左爪。（图 2–32）

图 2–31　　图 2–32

十二、雄鹰观阵

1. 左脚向前上进一步，屈膝半蹲，右膝半跪。同时，左爪下收，置于左肋前侧，虎口向上；右爪变掌向前下方插出，高与腹平，掌心向下。目视右掌。（图 2–33）

图 2–33

2. 重心左移，右腿屈膝提起，成独立步。同时，右掌收于腰间，掌心向上；左爪变掌从下向上画弧，高与颌平，掌棱向前，掌心向下。目视前方。（图 2–34）

3. 步型不变。左掌向前下裹臂转掌画弧收于左腰间，掌心向上；右掌从腰间经胸向前下画弧抓出，略低于右膝，爪心向下。目视右爪。（图 2–35）

图 2–34

图 2–35

4. 右腿伸膝向前蹬出，脚尖勾紧。同时，右掌旋转收至右乳下侧，爪心向上；左掌向前推出，臂略屈，高与颌平，掌心向前。目视前方。（图 2–36）

图 2–36

十三、鹰翻阴阳

1. 右脚向前落步，左脚跟悬提，左膝下跪，成左跪步。同时，右爪变拳收抱右腰间；左掌变拳向前弧形击出，高与鼻平，肘臂略屈，拳眼向上。目视左拳。（图 37）

图 2–37

2. 左脚跟落地，上体左转，两腿屈膝半蹲，臀部下沉，成低马步。同时，右拳变爪向右侧下方反抓而出，高与右膝平，虎口向下，爪心向外；左拳变爪收于右肩前，虎口向上。目视右爪。（图 2–38）

3. 起身，右脚尖外摆，两腿成扭步。同时，右爪旋腕扣指成拳，弧形向前上撞出，高与额平，拳心对鼻；左爪变拳下按，置于肚脐前侧，拳心向下。目视右拳。（图 2–39）

图 2–38　　图 2–39

十四、雄鹰独立

体微左转，提左膝，成独立步。同时，左拳变掌，向前上穿出，高与左膝平，左肘内侧贴于左膝外侧，左掌虎口向上；右拳经体侧画弧，经下向右上方架于额前变掌，虎口向下，掌尖向前。目视左掌。（图 2–40）

图 2–40

十五、铁鹰撞钟

1. 左脚向前落步，右腿后蹬，成左弓步。同时，右掌变拳下收右腰间；左掌变拳，向前冲出，高与肩平，拳心向下。目视左拳。（图 2–41）

图 2–41

2. 步型不变。右拳经右侧，微屈肘向前贯拳，拳心向下，高与颌平；左拳变掌，迎击右贯拳，掌心击右前臂。目视右拳。（图 2–42）

十六、鹞鹰撕兔

1. 左脚略收步，重心移于右腿，两腿屈膝半蹲，成左半马步；同时，右拳变爪，爪心向下；左掌变爪，爪心向上。两爪心相对之际，左推右拉，发抖劲撕扯，右爪置于右颔侧；左爪前托，高与鼻平，肘屈略下收。目视左爪。（图 2–43）

2. 右脚向前上进一步，沉身蹲成右半马步。同时，右爪变掌向前下劈，高与小腹平，掌尖向前；左爪变掌，上架额前，掌心向前，虎口向下。目视右掌。（图 2–44）

图 2–42

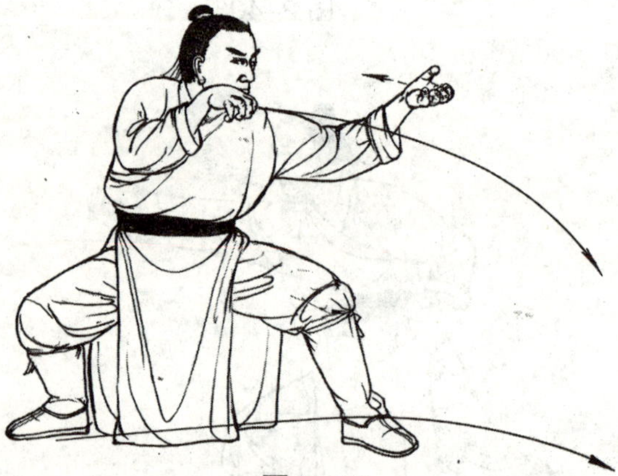

图 2–43

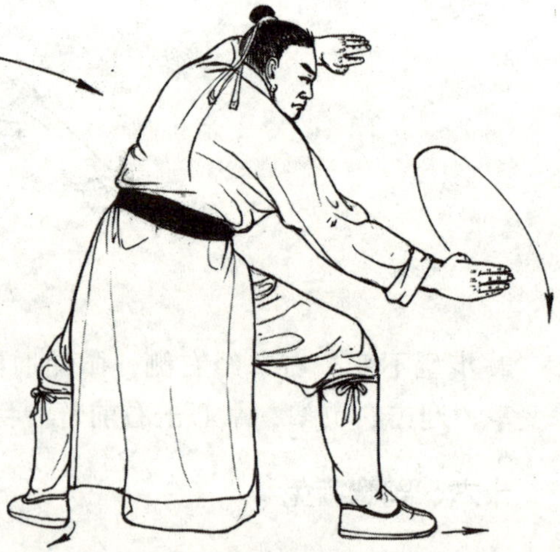

图 2–44

3. 左腿蹬直，右脚向前移步，成右弓步。同时，左掌不动；右掌变拳在体前画弧，经上向右下斜劈，高与胯平，拳眼向前上方。目视前方。（图 2-45）

图 2-45

十七、狡鹰踏雪

1. 重心前移，左腿屈膝提起，脚尖外展，左脚经右脚内侧向前横踩，高与膝平。同时，左掌从上向前，向下画弧，外旋搂手，后抓变爪至腰间，爪心向上；右拳变爪上提、向前抓出，高与胸平，虎口斜向前方，爪心向下。目视右爪。（图 2-46）

2. 左脚向前落步，成左弓步。同时，左爪从腰间向前伸托，爪腕外旋，至与鼻平；右爪微内旋后拉，至左肩前方，两爪成交互旋拧之劲势。目视左爪。（图 2-47）

图 2-46　　图 2-47

十八、猛鹰抓心

1. 重心移于左腿，右腿屈膝向前提起。同时，右爪旋拧收拉至右腰间，爪心向上；左爪前伸，高与颌平，虎口向前，爪心向上。目视左爪。（图 2–48）

图 2–48

2. 独立步不变。随即，左臂内旋，屈肘向下、向内按爪，爪心向下，置于右膝内侧上方；右爪从腰间向前抓出，高与颌平，爪心向下。目视右爪。（图 2–49）

3. 右脚向前落步，左腿后蹬，膝向下沉，成左跪步。同时，右爪下压，高与腹平，爪心向下；左爪向前抓出，高与颌平，虎口向上，爪心向前。目视左爪。（图 2–50）

图 2–49　　图 2–50

十九、黑鹰坐洞

1. 向左转体，左脚掌着地，左腿屈膝；右脚跟悬提，右膝沉跪，成右跪步。同时，两爪变拳，左拳随转体向左侧下压，高与腹平，拳心向上；右拳从下向上画弧，随转体向前垂肘反砸，高与额平，拳心向内。目视右拳。（图 2–51）

2. 右脚跟落地，左脚跟外转，体右转，右膝屈，左膝略沉跪，成左半跪步。同时，右拳翻转下压至腹前，拳心向下；左拳从下向上画弧，随转体向前垂肘反砸，高与额平，拳心向内。目视左拳。（图 2–52）

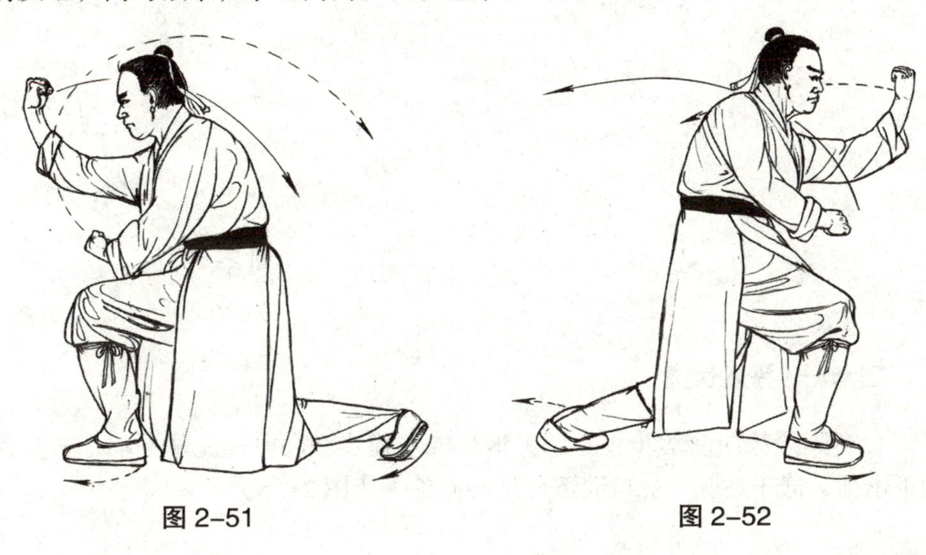

图 2–51　　图 2–52

二十、猛鹰伸爪

1. 左脚尖外展前移步，右脚尖内扣，成左弓步。同时，两拳变掌，右掌随传体，从腹前向左前平砍，掌心向上，高与颈平；左掌屈肘收置右后臂上方，掌心向下。目视右掌。（图 2–53）

图 2–53

2. 右掌翻腕旋臂，按至左小腹前侧，掌尖向左，掌心向下；左掌坐腕，护于右肩前侧，掌心向右外侧。同时，重心前移，右脚蹬地向前弹踢而出，脚背绷直，高与裆平。（图 2–54）

图 2–54

二十一、铁鹰伏虎

1. 右脚顺势向前落步，左膝跪地，成左跪步。同时，左掌不动；右爪向前下击抓，低于右膝，虎口向下，爪心向外。（图 2–55）

图 2–55

2. 提右脚向内绕一弧形，向前上进一步，左脚内收蹬挺，成右弓步。同时，两手成爪收回，经腰侧向前画弧扑抓而出，高与肩平，虎口相对，爪心向前。目视两爪。（图 2–56）

图 2–56

二十二、饥鹰抱禽

左脚前上一步，同时，两爪向下、向内屈肘双抱，右下左上，两爪心相对，高与裆平。随即，右脚后蹬，脚跟悬提，右膝略跪，左腿屈膝，左肩前顶，臀微上提，上体倾俯。目视两掌。（图 2–57）

图 2–57

二十三、鹰翼分云

1. 右脚提起前上一步，左转体，成马步。同时，右掌变爪向左扑抓、旋扣，高与肩平，虎口斜向前上方；左掌变爪下按，置于右肋前侧，爪心向下，虎口向前。目视右爪。（图 2–58）

图 2–58

2. 马步不变。右爪从右向左画弧，收爪于左肩上侧，爪心向后，虎口向里；左爪不动。目视右侧。（图 2–59）

3. 动作不停，两爪变拳，两肘向左右两侧撞出，高与肩平，两拳心向下。目视右肘方向。（图 2–60）

图 2–59　　图 2–60

二十四、猎鹰藏锋

1. 重心微右移，向左转身，成左弓步。同时，右肘下沉，前臂垂直，拳心向内，高与额平，随转身向左裹臂；左拳沉肘下收，置于腰间。目视右拳。（图 2–61）

图 2–61

2. 动作不停，右转体，成右弓步。同时，右拳下沉收回腰间；左拳屈肘，随转体，前臂垂直，向上、向右裹臂，拳心向内，高与额平。目视左拳。（图 2–62）

3. 左脚尖外展，重心移于左腿，右腿蹬挺，成左横裆步。同时，两拳成掌，随上体左转，向两侧分开、再向内画弧裹臂交叉于胸前，左内右外，突然屈指成爪，爪心向上。目视右侧斜下方。（图 2–63）

图 2–62

图 2–63

4. 步型不变。吐气发声，两爪同时向左右两侧下方分开，高与大腿平，爪心向下，虎口向正前方。目视右爪。（图 2–64）

图 2–64

二十五、利爪取阴

1. 右脚尖略内扣，步型不变。左爪内收，置于腹前，虎口向内，爪心向下；右爪屈肘，向左裹旋，竖臂于左胸前方，爪高与额平，爪心向内，虎口向右。目视右侧前下方。（图 2–65）

2. 左脚经右脚后侧，向右方横插一步，成倒插步。同时，左爪屈肘上提，置于左腮前侧，虎口向上，爪心向里；右爪向右下画弧，经胸前向右反撩，略低于裆部，爪心向上，虎口向左。目视右爪。（图 2–66）

图 2–65　　图 2–66

二十六、双爪朝阳

右转体，右脚内收半步，两爪同时收至两腰侧。随即，右脚向前跨出一步，成右弓步；两爪从腰间向前弧形贯抓，高与耳平，虎口向上。目视两爪。（图 2–67）

图 2–67

二十七、鹰蹬摘桃

1. 两爪从上向下、向腰间回抓，置于腰侧，爪心向上。同时，重心前移，提左腿，猛挺膝向前正蹬，高与裆平，脚尖向上。目视左脚。（图 2–68）

图 2–68

2. 左脚向前落步，右腿屈膝跪地，成右跪步。同时，右爪变拳，从腰间向前勾撞，微屈肘，高与胸平，拳心向上；左爪变掌护于右后臂内侧，掌尖向上。目视右拳。（图 2–69）

图 2–69

二十八、鹞鹰过岭

1. 左脚前移步；右腿后蹬，重心前移，提右腿向前上方撞膝，膝高于腹。同时，两手变爪，先向前上方伸出，高与肩平，爪心向下，两爪距离与肩同宽，继随右膝上撞，由右侧猛向下抓，置于右腰侧，爪心向下，虎口相对。目视右膝前方。（图 2–70）

2. 右脚向前落步，体左转，成马步。同时，左爪变掌收至胸前，右臂屈肘，随落步转身向前画弧前顶，高与肩平，右爪至右肩前时成拳，左掌顺势抵住右拳面向右送力。目视右肘。（图 2–71）

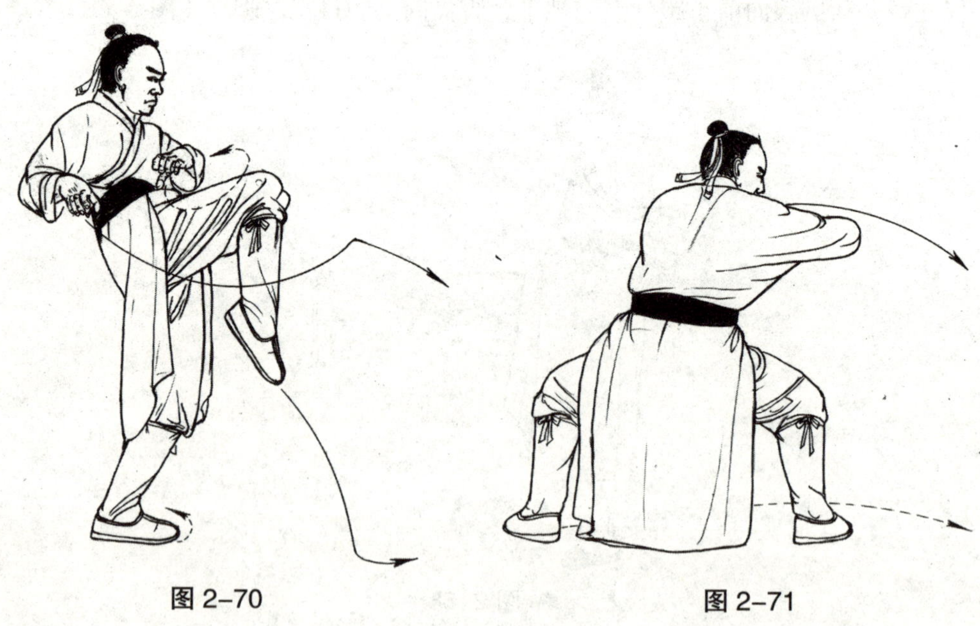

图 2–70　　图 2–71

3. 体略右转，左脚向前上进一步，脚尖外摆，右膝略屈，脚跟提悬，成交叉扭步。同时，右拳伸臂向前砸出，高与肩平，拳眼向上；左掌护于右后臂内侧。目视右拳。（图 2–72）

图 2–72

二十九、鹰行阴阳

1. 体左转，抬右脚经左脚前向左横跨一步，成交叉步。同时，右拳成爪向右后下甩，爪心向下；左掌置于右小腹角。目视前方。（图 2–73）

2. 左脚向前方迈进一步，两腿屈膝成左半马步。同时，左爪变掌经下画弧，经左向上微屈肘上托，略低于肩，掌心向上；右爪向左下压，置于左大腿上侧，爪心向下。目视左掌。（图 2–74）

图 2–73

图 2–74

三十、铁鹰摇翼

1. 重心后移，提起左腿，向左侧挺膝撩踢，高与膝平。同时，左掌微内收，右爪变掌。目视前方。（图 2–75）

图 2–75

2. 左脚向前落步，右脚后蹬跟进一小步，右膝略跪，成半弓半跪势。同时，左掌变爪向左腹角前侧收，爪心向前，虎口向外；右掌向前伸出，随即旋腕转指叼扣，高与肩平，虎口斜向前上方。目视右爪。（图 2–76）

3. 右脚前上一步，体略左转，成右弓步。同时，左爪抓握右腕部；右臂屈肘向前画弧，向左靠肘，高与鼻平。目视右肘。（图 2–77）

图 2–76　　图 2–77

4. 重心微后移，左脚收进半步，两腿屈膝半蹲，成马步。同时，左爪变掌下按；右拳以肘关节为轴，经胸前向上画弧，向右屈肘反砸，高与鼻平，拳面向上，拳心向里。目视右拳。（图 2–78）

5. 马步不变。右拳以肘关节为轴，向内经胸前画弧，变爪向右下方撩爪，虎口向下，爪心向外，高与右膝平；左掌微上移，置于右肩前。目视右爪。（图 2–79）

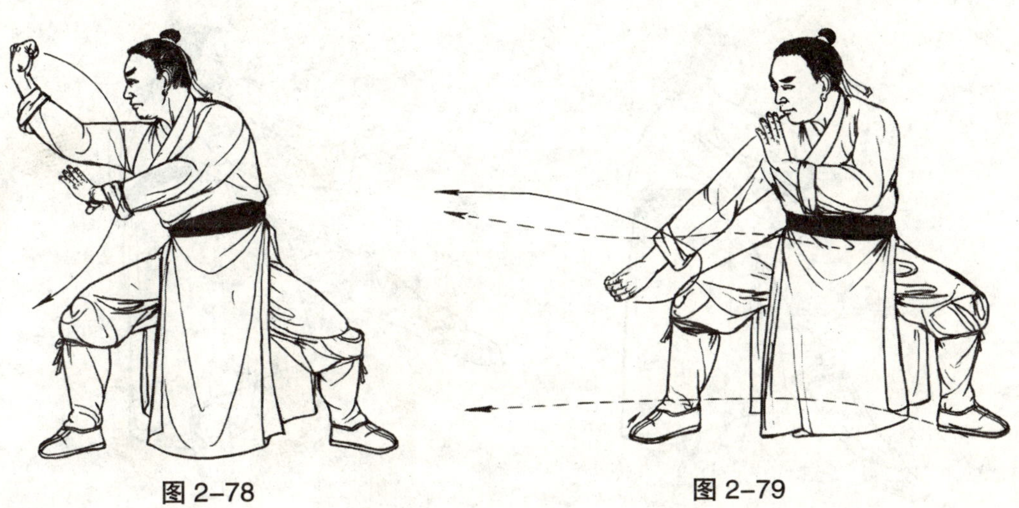

图 2–78　　图 2–79

三十一、猛鹰叼羊

重心右移，左脚前上一步，成左弓步。同时，两手成拳，经腰间向前画弧，微屈肘向内双摆拳，拳眼向下，拳背相对，高与胸平。目视双拳。（图 2–80）

图 2–80

三十二、鹞鹰戏鼠

1. 重心后移，向右略转体，收回左脚，成左虚步。同时，两拳变掌，屈肘向内、向下抱掌于胸腹前，掌心相对，左上右下。目视左前方。（图 2–81）

2. 提左腿，猛挺膝向前弹踢，脚略低于膝，脚背绷直。同时，右掌旋转，掌心向下；左掌向左上方屈肘画弧横格，掌心向上，高与腹平。目视前方。（图 2–82）

图 2–81

图 2–82

三十三、顺爪擒羊

1. 左脚向前落步，成左虚步。同时，左掌旋转向前反叼抓，高与肩平，虎口向下，爪心向外；右掌不变。目视左爪。（图 2–83）

图 2–83

2. 左脚跟落地，脚尖外摆，右脚向前上进一步，成右弓步。同时，左爪下沉；右掌变拳向左臂内侧勾拳，置于左肘内侧上方，拳面向上。目视右拳。（图 2–84）

3. 动作不停，右脚尖内扣，左脚尖外展，身体左转，成左弓步。同时，左爪变拳收抱左腰间；竖右臂随转身向左裹，肘尖下垂，拳心对鼻。目视右拳。（图 2–85）

图 2–84

图 2–85

三十四、托爪追风

1. 右脚尖外摆，上体右转，左膝下跪，成左半跪势。同时，以腰带臂，右臂内旋屈肘上架，置于额前上方，右拳变爪，虎口向下，爪心向上；左拳变爪，从腰间随转体向上方画弧，屈肘托爪，爪心向上，高与鼻平。目视左爪。（图 2–86）

图 2–86

2. 重心微左移，向左转体，左脚尖外摆，右脚尖内扣，右膝略跪，成左半弓步。同时，两爪变掌，左掌收置胸前，掌心向下；右掌随转体向右，向下，向左画弧砍掌，掌心向上，高与肩平。目视右掌。（图 2–87）

图 2–87

三十五、火鹰追日

1. 重心左移，伸膝直立，右脚提跟收于左脚后侧，成直立右丁步。同时，右掌变爪向前抓出，高与鼻平，爪心向下，虎口向左；左掌护于右肘弯内侧，掌尖向上。目视右爪。（图 2–88）

2. 右脚跟向内落地，右腿微屈，左脚提跟内收，脚尖点地，成左丁步。同时，右爪下压；左掌变爪向前推抓，高与鼻平，虎口向上，爪心向前。目视左爪。（图 2–89）

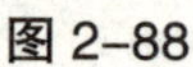

图 2–88

图 2–89

3. 左脚向前一步，两腿屈膝，成左半马步。同时，右爪下收，抱于右腰间，爪心向上；左爪随上步向前推出，高与鼻平，虎口向上，爪心向前。目视左爪。（图 2–90）

图 2–90

三十六、鹞子旋身

1. 重心移于左腿，右脚提起向前蹬踢而出，脚尖勾紧，力达脚跟。同时，两爪向胸前旋拧，右爪置于左胸前，爪心向下，虎口向左；左爪前托，高与肩平，爪心向上，虎口向前。目视左爪。（图 2–91）

2. 右脚后退落步，两腿屈膝半蹲，成左半马步。同时，右爪旋拉至右腰间，爪心向上；左臂屈肘下沉，爪高与鼻平，爪心向上，虎口向外。目视左前方。（图 2–92）

图 2–91

图 2–92

3. 左膝向右跪地，成左跪步。同时，左爪向右，经胸前向下，向左画弧反撩，高与胯平，爪心向上；右爪左移，护于左肩前侧，爪心向下。目视左爪。（图2–93）

4. 起身，右脚尖内扣，右腿伸膝立起，左腿屈膝提起，上体左转，成右独立步。同时，左爪翻转向左前上画弧托起，高与鼻平，爪心向上；右爪向右画弧，伸臂与肩平，勾腕叼抓，爪心向内，虎口向右外侧。目视左爪。（图2–94）

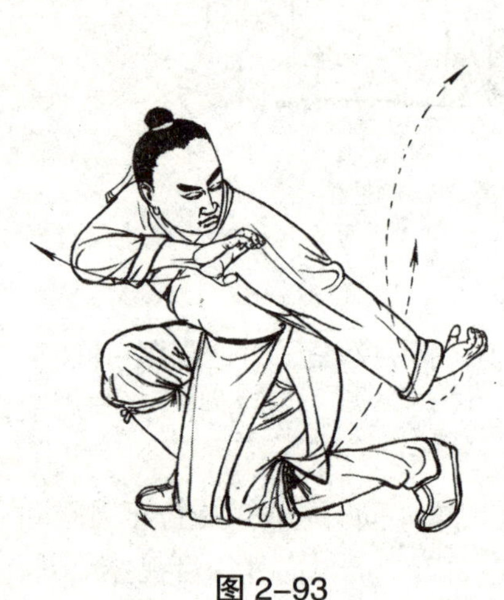

图 2–93

图 2–94

三十七、雄鹰归巢

1. 左脚向右脚前侧落步，屈膝成左虚步。同时，右爪变掌向内，向下画弧，斜伸于右侧下方，高与胯平，掌尖向下，掌心向后；右爪变掌，向下，向右，向左上画弧托掌，高过头顶。目视左掌。（图2–95）

图 2–95

2. 左脚向前一步，重心下沉，左虚步不变；同时，两掌向胸前收拢，左掌心贴抱于右拳面。随即，左脚向正前方上半步，重心移于右腿，右腿屈膝，仍成左虚步；同时，右拳、左掌向前推移而出，高与颌平。目视前方。（图 2–96）

3. 左脚后退半步，与右脚并步，正身直立。左掌变拳，两拳同时收抱腰间。目视前方。（图 2–97）

4. 两拳变掌，下垂于体侧。调匀呼吸，收势。（图 2–98）

图 2–96

图 2–97

图 2–98

第三章 鹰爪拳高级套路

本套拳法属于鹰爪门的高级套路，突出了鹰爪拳的抓、打、擒、拿、翻、崩、滚、靠、高挑、低压、搂抱、钩挂、撑踹等重要技法。

一、请手

1. 并步正身直立，两手垂于体侧，呼吸自然。目视前方。（图 3–1）

2. 两掌上提，至两大腿外侧髂骨部位时，右掌握拳收抱腰间，左掌心贴抵右拳面。目视两手。（图 3–2）

3. 接着，左脚向前半步，脚尖点地，右腿屈蹲，成左虚步。同时，右拳、左掌一齐向正前方推出，高与颌平。目视前方。（图 3–3）

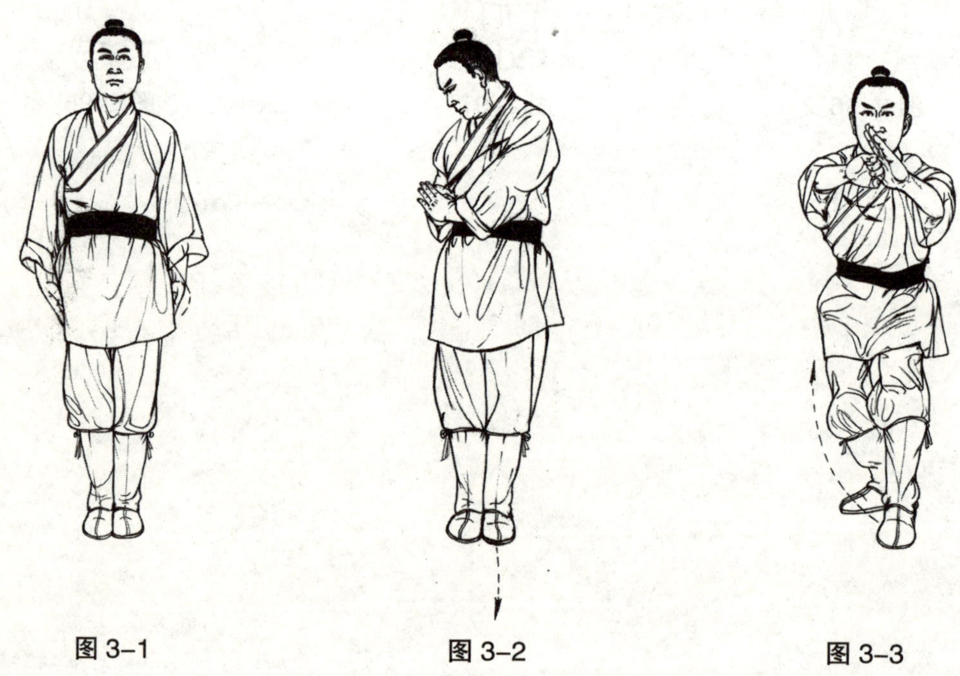

图 3–1　图 3–2　图 3–3

二、雏鹰盘翅

1. 重心落于右腿，左腿盘膝，小腿外侧搁置右大腿上。同时，右拳变掌，两掌旋转收至胸前，成十字手，左上右下，两掌心均向上，体略左转。目视左前斜下方。（图 3–4）

图 3–4

2. 右腿屈膝，成盘腿平衡势。两掌继续旋转成掌心向上时，扣指成爪，爪心向上，右爪置于左膝前侧，左爪置于右后臂外侧。目视左前下方。（图 3–5）

3. 动作不停，两爪由下经体侧向后上分展，爪心向上，高与肩平。目视左前方。（图 3–6）

图 3–5

图 3–6

三、饥鹰戏鼠

1. 左脚向前落步，脚前掌虚点地面，成高虚步。同时，左爪变掌向下经腰侧画弧，向左前上方托掌，高与鼻平；右爪变掌旋腕，斜伸臂于右侧下方，高与腰平。目视左掌。（图 3–7）

图 3–7

2. 身体左转，脚跟外旋；左脚向右脚后方插步。同时，右拳运劲于右腕根部，以小指引动外旋变爪，收于左胸前侧；左掌沿右臂肘侧贴擦至右腕，即内旋变鹰爪叼拿于右侧方，高与颌平，虎口向右。目视左爪前方。（图 3–8、图 3–8 反面图）

图 3–8

图 3–8 反面图

3. 上体略右转，右脚向体前伸出，脚前掌着地。同时，右爪边旋指边经腹前背手穿掌，经腰侧外旋向髋后伸出，掌指微开；左爪不变。目视右爪。（图 3-9）

图 3-9

4. 身体左转，右脚以脚前掌向外，向后擦地画半月弧，脚跟着地终止；左腿屈膝下蹲，成左弓步。同时，左爪向后下捋带至右腹前，虎口向里，爪心向下；右掌微上抬内旋，向前下画小弧，滚腕向右前侧扑按而出，高与胯平，掌尖斜向前上方。目视右掌。（图 3-10、图 3-10 反面图）

图 3-10　　图 3-10 反面图

【技击应用】

1. 敌进右步，左拳击打我胸部。我左脚向后撤退一步，成右虚步，同时，左掌上起，格阻敌左前臂外侧，右掌护于小腹前侧。（图 3–11）

2. 我右脚向前进步，脚跟后旋提悬，同时，左脚跟后旋，上体右转，右掌成爪反撩抓击敌裆部。（图 3–12）

图 3–11

图 3–12

3. 我右转体，右膝前弓，右爪抓住敌裆部，用力上提，重创敌方。(图3-13)

图 3-13

四、老鹰夺食

1. 接上势，身体左转，重心移于左腿，屈膝全蹲，右腿伸直，成右仆步。同时，左爪变拳收抱左腰侧；右掌成爪收至左肩前，虎口向里，爪心向左。目视右前方。（图 3-14）

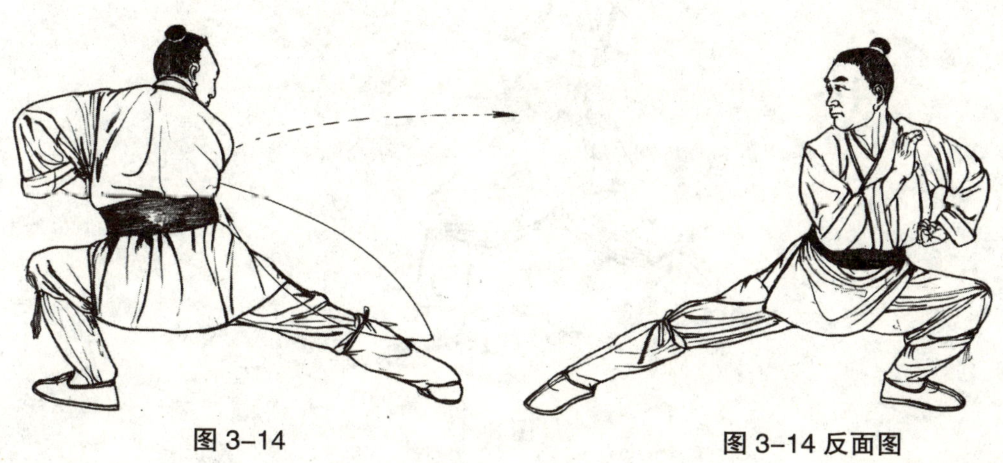

图 3-14　　图 3-14 反面图

2. 重心前移，左腿蹬挺，成右弓步。同时，右爪变掌向前下搂，经右脚面即外旋变拳，拳心向上收抱右腰间；左拳向前冲出，高与鼻平，拳心向下。目视左拳。（图 3–15）

图 3–15

3. 步型不变。左拳收抱左腰侧；同时，右拳内旋向前冲出，高与肩平，拳心向下。目视右拳。（图 3–16）

图 3–16

【技击应用】

1. 敌右脚进一步，左鞭腿踢击我腰部。我左脚迅疾撤退一步，左偏身，避过敌腿。（图 3–17）

图 3–17

2. 动作不停，我避腿瞬间，见敌腿势尽，右手拍敌左脚踝，向右外侧方挂开，同时，进右步，左拳冲击敌咽喉或面门。（图 3–18）

图 3–18

五、铁鹰锁喉

1. 接上势，身体左转，右脚尖内扣，左脚经右脚后侧插步，右膝微屈，成右高弓步。同时，右拳收至右腰侧内旋变爪，随转身向下锁拿，高与腰平，虎口向前；左拳变爪随右爪向前下抓，置于右前臂内下侧，虎口向前，爪心向下。目视右爪。（图 3–19）

图 3–19

2. 左脚向前上步，成左弓步。同时，左爪外旋变仰掌经右爪背前穿，即变鹰爪叉锁而出，虎口向上，爪心向前，高与鼻平；此时右爪收至左肘下。目视左爪。（图 3–20）

图 3–20

【技击应用】

1. 敌右进步，右拳击打我胸部。我后滑步避敌拳锋芒之际，左爪爪棱切敌右腕内侧，阻截其拳攻击。（图 3–21）

2. 动作不停，我右脚迅疾跨进一步，踏入敌中门，右手鹰爪锁敌咽喉。（图 3–22）

图 3–21

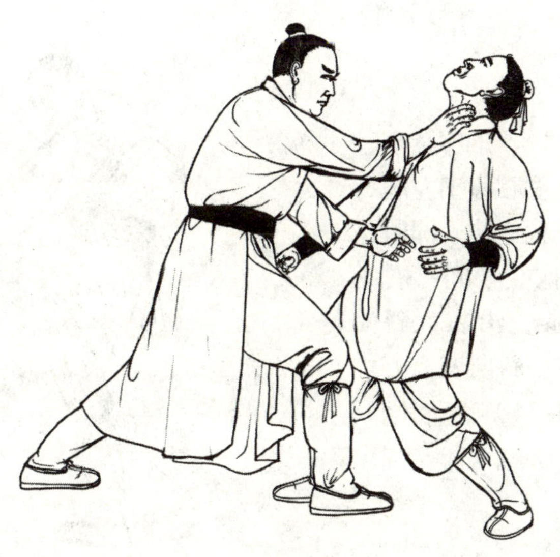

图 3–22

六、狡鹰捕兔

1. 接上势，身体右转，左脚尖里扣，成马步。同时，右爪变掌沿左臂外缘挑托，成立掌护于左肩前；左爪变掌即内旋向里、向下画弧，突变鹰爪叼抓至左小腿外侧，虎口向下。目视左爪。（图 3–23、图 3–23 反面图）

图 3–23

图 3–23 反面图

2. 身体右转，重心移于左腿，右腿屈膝提起，成独立步。同时，左爪外旋变拳收抱左腰间；右掌外旋经左胸肋过腹，沿右大腿向右侧斜下横拨，掌心斜向前上方。目视右掌。（图 3–24）

图 3–24

3. 右脚向后落步，上体左转，两腿屈膝半蹲，成左半马步。同时，右掌内旋向上，向左前突变鹰爪叼抓，高与鼻平，虎口斜向前上方；左抱拳不变。目视右爪。（图 3–25）

图 3–25

4. 步型不变。右爪不动；左拳变掌前伸，经右前臂内侧上插，掌尖斜向上方，掌心斜向左上方，高与眼平。目视左掌。（图 3–26）

5. 身体略右旋，重心移于右腿，成右横裆步。同时，右爪内旋往后捋带至左后臂内侧，虎口向前；左掌内旋成侧立掌向左前方推出，高与鼻平。目视左掌。（图 3–27）

图 3–26

图 3–27

【技击应用】

1. 敌右进步，右拳击打我面部。我略向后缩身，起右手成鹰爪由下向上叼抓敌右腕，阻截敌拳攻击。（图 3-28）

2. 动作不停，我叼抓敌腕即向右下捋带，体右旋，左前臂裹击敌右肘，致敌前扑。（图 3-29）

图 3-28

图 3-29

3. 我迅疾撤手，猛提右膝撞击敌心窝，将其重创。（图 3–30）

图 3–30

七、孤鹰盘翅

1. 接上势，身体左转，重心左移，成左弓步。同时，右爪向左腕下掏插，随即外旋叼抓，爪心向下；左掌运劲于左腕根，以小指引动外旋变爪，屈臂收近右前臂内侧，爪心向上，虎口向前。目视右爪。（图 3–31）

图 3–31

2. 身体重心移于左腿，右腿屈膝提起，成独立步。同时，右爪继续外旋缠拧上翻，高与腹平，爪心向上；左爪变掌靠贴右腕上，内旋缠转，掌尖向上，掌心向右外侧下方。目视右爪。（图 3–32）

3. 右脚落步于左脚跟内侧，踏地振脚之际，左脚随即前伸，脚尖点地，成左虚步。同时，右爪向后略带；左臂微屈，左横掌向前下切出，略与左膝平，掌心向下，掌棱向前。目视左掌。（图 3–33）

图 3–32

图 3–33

【技击应用】

1. 敌右进步，右拳击打我面部。我右脚退步，略右偏身，起右手旋抓敌右腕外侧，阻截其拳攻击。（图 3–34）

图 3–34

2. 我叼抓住敌腕往下捋带之际，右弹腿踢击敌小腹。（图 3–35）

3. 我动作不停，右脚落步，左脚上步，左爪猛力抓击敌裆部。（图 3–36）

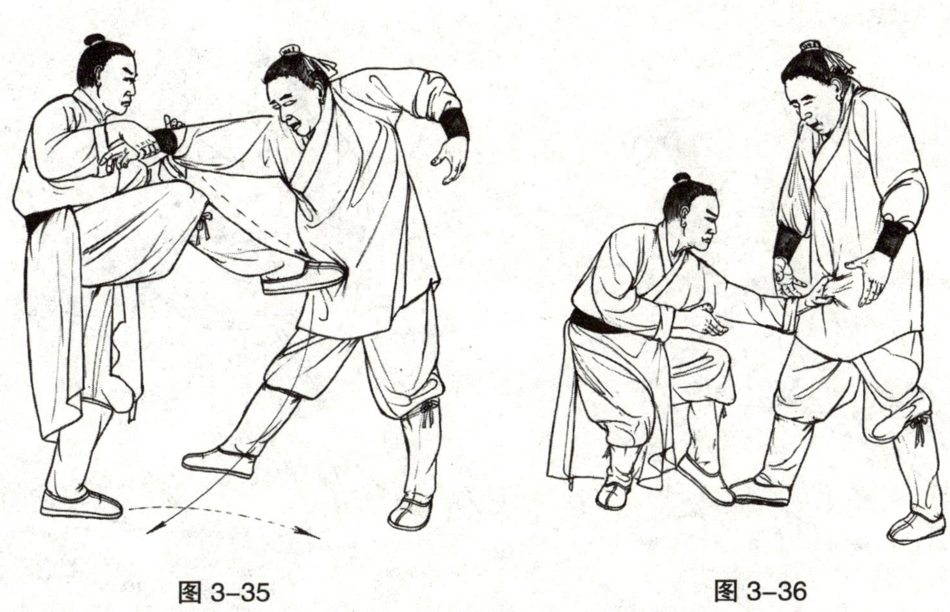

图 3–35　　图 3–36

八、雄鹰追鸡

1. 接上势，右脚向前方上进一步，身体左转，两腿屈膝半蹲，成马步。同时，左掌收回左腰间成爪；右爪随上步向前推出，高与肩平，虎口向上。目视右爪。（图 3–37）

图 3–37

2. 左脚向前跨进一步，右腿蹬挺，成左弓步。同时，左爪向前方横贯，高与鼻平，爪心斜向上方；右爪收于左肩前侧，爪心向下。目视左爪。（图 3–38）

3. 重心移于左腿，右脚提起向前方蹬出，脚尖勾紧，力达脚跟。同时，两爪变掌，左肘尖略沉，左掌成侧立掌竖于面前，右掌背置于右膝内侧。目视右脚。（图 3–39）

图 3–38　　图 3–39

4. 右脚向前落步，左腿蹬挺，成右弓步。同时，两掌变爪向前扑抓而出，高与肩平，虎口相对，爪心向下。目视双爪。（图 3–40）

图 3–40

【技击应用】

1. 我主动进攻，左手向前虚晃诱敌，右脚踏进一步，右爪抓敌腹部。敌退步，左掌下拍阻截我右腕。（图 3–41）

2. 我左脚迅速上进一步，左爪抓击敌咽喉。敌仰身再度避过。（图 3–42）

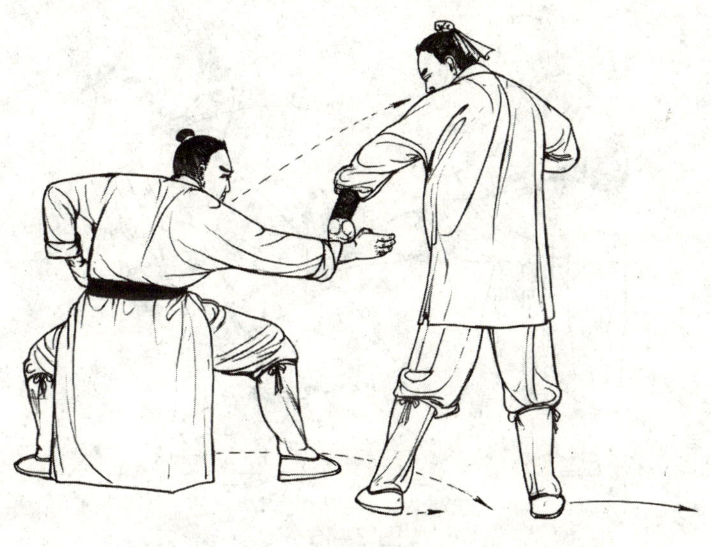

图 3–41

图 3–42

3. 我随即发出右脚，蹬击敌小腹。（图 3–43）

4. 动作不停，我右脚向前踏落，双爪顺势劈抓敌锁骨部位，重创敌方。（图 3–44）

图 3–43

图 3–44

九、雄鹰掏心

1. 接上势，重心移于右腿，提起左脚向前蹬踢，高与裆平，脚尖勾紧，力达脚跟。同时，右爪向前旋拧扣指，略低于肩，虎口向上；左爪收护右肘弯内侧，爪心向里。目视右爪。（图 3–45）

图 3–45

2. 左脚向前落步，右腿蹬挺，成左弓步。同时，左爪向前抓出，高与鼻平，虎口向上，肘部稍屈；右爪内旋下按，置于左肋前侧，爪心向下。目视左爪。（图 3–46）

图 3–46

3. 右脚向前方上进一大步，体左转，两腿屈膝半蹲，成右半马步。同时，右爪向右上反抓，高于头顶，虎口向外，爪心向后斜上方；左爪下按屈肘置于右腋前侧。目视右爪。（图 3–47）

图 3–47

4. 左脚向前方上进一大步，两腿屈膝半蹲，成马步。同时，右爪回旋下按于左胸前；左爪翻转向前上捞起，高与眉平，爪心向上。目视左爪。（图 3–48）

图 3–48

【技击应用】

1. 我右手虚晃之际，前纵步，左脚蹬敌裆部。敌退左步提右脚避过。（图3–49）

2. 我左脚迅疾向前踏落，左爪抓敌咽喉。敌右脚收落，左旋臂格我左腕内侧。（图 3–50）

图 3–49

图 3–50

3. 我右脚速进于敌方左腿后侧，随即沉身，右爪反抓敌方心口。（图 3–51）

4. 动作不停，左脚抢进敌方中门，同时，左爪由下上捞，掏击敌方心口，重创之。（图 3–52）

图 3–51

图 3–52

十、老鹰夺食

1. 接上势，重心略上升，右脚尖内扣，左脚内收半步，成左虚步。同时，体略右转，右爪握拳收抱右腰侧；左爪变掌外旋，收至右腰抵贴右拳面，掌尖向上，以推力将右肘向后送顶。转头向右，目视右后侧方。（图 3–53）

图 3–53

2. 左脚跟落地，右脚即向左前方上一步，成右弓步。同时，左掌内旋向前上挑，即变拳往后下收抱于左腰间；右拳随即向前冲出，高与肩平，拳心向下。目视右拳。（图 3–54）

图 3–54

3. 左脚向前上进一步，右腿蹬挺，成左弓步。同时，右拳内旋向上后挑，即收抱于右腰间；左拳随即向前方冲出，高与颌平，拳心向下。目视左拳。（图3–55）

图 3–55

【技击应用】

1. 敌上左步进身，左拳击打我面部。我左脚迅疾收退一步，将身下沉，避躲敌方左拳，随即右脚踏敌左脚背，右肘顺势顶击敌左腰间。（图 3–56）

图 3–56

2. 动作不停，我右脚尖外展，前弓步，左爪上撩，攻击敌咽喉。（图 3–57）

图 3–57

3. 连击不停，我右拳紧跟而出，击打敌咽喉，将其重创。（图 3–58）

图 3–58

十一、雄鹰捉鸡

1. 接上势，右脚经左脚内侧倒插一步。同时，右拳变掌内旋绕插左肘，沿左前臂外侧贴擦，至左腕突变鹰爪叼抓；此时，左肘弯曲里收，左拳变掌，外旋使掌心斜向里，掌尖向上，置于右颌前侧。目视右爪。（图 3–59）

图 3–59

2. 左脚向左侧横开一步，右腿屈膝全蹲，成左仆步。同时，左掌小指旋至右腕内，即内旋翻掌使掌心向下离开右腕，变爪与右爪同时下擒，高与裆平，两爪虎口相对。目视左爪。（图 3–60）

图 3–60

【技击应用】

1. 敌右进步，右脚踢击我胸。我迅疾将左脚向右盖步，避过敌脚锋芒之际，右爪抓击敌右脚背外侧。（图 3–61）

2. 动作不停，我不待敌方收腿，伸左腿擦地后扫敌左脚踝，将敌扫仆跌出。（图 3–62）

图 3–61

图 3–62

十二、鹞鹰拨月

1. 接上势，身体略上起，成右弓步。同时，两爪外旋抓握变拳，右拳收抱于右腰间；左拳收至右腹前，拳心向上。目视左前方。（图 3–63）

图 3–63

2. 右脚向左前方上步，身向左略转，成右弓步。同时，左拳变掌向前上经面部，突变爪搂叼至左太阳穴旁，虎口向下，爪心向外；右拳随即向前冲出，拳眼向上，高与肩平。目视右拳。（图 3–64）

图 3–64

3. 身体微右转，左脚向右脚收拢，并步立身。同时，左爪变掌前伸，向下屈臂按压，右拳里收经体前，沿左臂内侧外旋向前上方反扣，拳高与鼻平，拳面向上，拳心对鼻；左掌在右肘下方。目视右拳。（图 3–65）

图 3–65

4. 左脚后撤一步下蹲，成马步。同时，右拳内旋里收经左臂内侧，再经体前向右侧下方截出，略低于右膝，拳眼向上；左掌上挑，收至右后臂前侧，掌尖向上。目视右拳。（图 3–66）

【技击应用】

1. 敌右进步，右拳击打我面部。我右脚进步迎上，左掌推格敌右前臂内侧，同时，右拳击打敌胸口。（图 3–67）

图 3–66　　图 3–67

2. 动作不停，我左脚收步于右脚内侧，立起上身之际，右拳翻转反背叩击敌面部。（图 3–68）

3. 随即，我右脚进步沉身，右拳弧形下落，顺势冲击敌小腹部，以连续重击打垮敌方。（图 3–69）

图 3–68

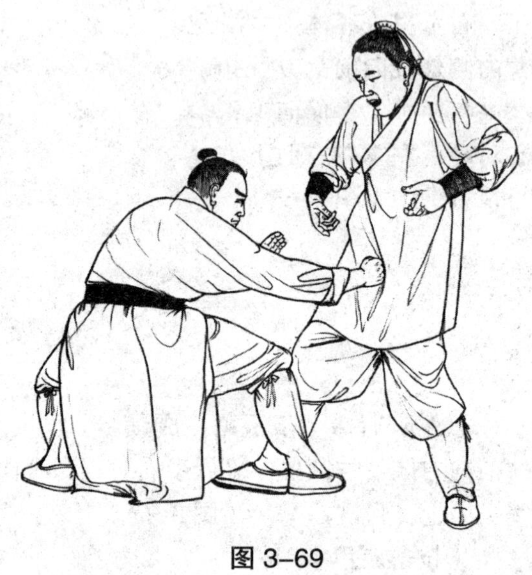

图 3–69

十三、秃鹰搏虎

1. 接上势，重心移于右腿，成右弓步。同时，左掌向前画弧按掌；右拳向后，向上，向前屈臂经左掌上方扣出，拳心向里，高与眉额平，力达拳背；此时左掌置于右肘下，掌尖向上，掌心向外。目视右拳。（图 3–70）

图 3–70

2. 重心左移，右腿屈膝提起，身体略左转，成独立步。同时，右拳挎肘上提，拳高与头顶平，拳面向上；左掌不变，置于右肘下方右大腿前上侧。目视右侧方。（图 3–71）

图 3–71

3. 左脚蹬地跳起，右脚随左脚跳起向左侧落步，左脚向右脚左侧落步，随即两腿屈膝半蹲，成马步。同时，右拳内旋里收经左臂内侧，再经体前向右体侧下方截出，低于右膝，拳眼向上；左掌上挑，收至右后臂前侧，掌尖向上。目视右拳。（图 3–72）

图 3–72

4. 重心右移，左腿蹬挺，成右弓步。同时，左掌向前下画弧按掌；右拳向后，向上，向前，经左掌上方向右前上方屈臂扣出，高与眉额平，拳心向里，力达拳背；此时，左掌置于右肘下，掌尖向上，掌心向外。目视右拳。（图 3–73）

图 3–73

【技击应用】

1. 敌猛然沉身，右腿擦地后扫我方下盘。我迅疾将左脚撤退一步，提起右脚，避过敌腿。（图 3–74）

图 3–74

2. 敌脚刚过，我即落步沉身，右爪下落抓击敌右膝盖。（图 3–75）

3. 敌因痛伛身来护。我迅疾前移步，右爪变拳反扣，拳背叩击敌面部，将其重创。（图 3–76）

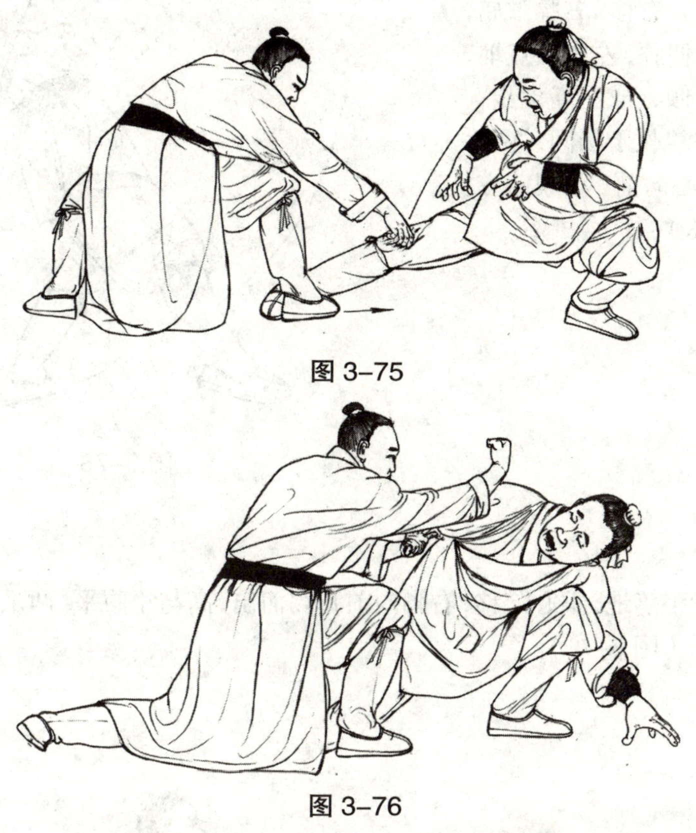

图 3–75

图 3–76

十四、鹞鹰翻身

1. 接上势，右脚尖内扣，左脚尖外展，右腿蹬挺，成左弓步。同时，右拳随转身经头顶上方，向左前画弧劈拳，收抱右腰间。随即，左掌随转身向左前方推出，高与鼻平，掌尖向上。目视左掌。（图 3–77）

图 3–77

2. 重心右移，右膝微屈，左腿右收伸膝，左脚尖点地，上体略后倾，成左高虚步。同时，左掌收于腰间，两手变爪，爪心向前。目视前方。（图 3–78）

图 3–78

3. 左脚跟落地，重心前移，右脚向前弹踢而出，高与小腹平。两爪护腰不变。目视前方。（图 3–79）

图 3–79

4. 右脚向前落步，两腿屈膝半蹲，成马步。同时，右爪向前抓出，高与肩平，虎口向前；左爪旋转，置于左胯外侧，爪心向下。目视右爪。（图 3–80）

图 3–80

【技击应用】

1. 我右手虚晃，左脚跨进一步，左掌劈向敌方胸部。敌退右脚，仰身避过。（图 3–81）

图 3–81

2. 敌借仰身之势，弹出右脚踢击我咽喉。我迅疾收左步，仰身避过敌脚。（图 3–82）

图 3–82

3. 动作不停，我顺势出右腿，蹬踢敌下颌。（图 3–83）

4. 随即，我右脚向前踏按而下，右掌顺势下劈敌胸部，重创敌方。（图 3–84）

图 3–83

图 3–84

十五、群鹰盘旋

1. 接上势，体右转，左脚经右脚内侧向前方跨进一步，右腿蹬挺，成左弓步。同时，右爪变掌向前推出，高与鼻平，掌尖向上，掌心向前；左爪收置右腋前下方，掌尖向上，掌心向右。目视右掌。（图 3–85）

图 3–85

2. 重心前移，右腿先屈膝绷直，脚尖抬起，继向前方挺膝勾脚尖擦地抄脚。同时，左臂内旋沿右臂外侧贴擦，屈臂横掌上架，掌棱向上，掌心向前；右掌经胯侧下搂，反臂勾手于身后。目视前方。（图 3–86）

3. 右脚前掌落地，脚尖内扣，身体左转约 180 度，左脚向右脚内侧收靠，脚尖点地，两腿下蹲，成左丁步。同时，左掌向下经左胯搂向后上变勾手；右勾手随转体上提。目视前方。（图 3–87）

图 3–86

图 3–87

4. 左脚后撤半步，右腿屈膝提起，成独立步。同时，两臂上抬，勾手变掌，左外右内，交叉托架于额前上方。目视前方。（图 3–88）

5. 左脚蹬地跳起，右脚向后跨跳一步，左脚向右脚收靠，成左丁步。同时，两掌直臂向下，向后反臂上抬变勾手，指尖向上。目视前方。（图 3–89）

图 3–88　　图 3–89

【技击应用】

1. 我左脚踏进一步，右脚勾踢敌左脚跟。（图 3–90）

图 3–90

2. 敌身体失衡之际，我迅疾落步，两手前扑抓敌方左臂肩外侧向前推。（图3–91）

3. 动作不停，我左膝提起，撞击敌方左肋，重创敌方。（图 3–92）

图 3–91

图 3–92

十六、鹞鹰追兔

1. 接上势，身体重心上升，左腿向前弹踢，高与腹平。勾手不变；眼先看左脚，腿弹出后目视前方。（图 3–93）

2. 左腿屈膝收至体前。同时，右勾手外旋变掌向前经左膝向上抄至膝前方，掌心向上，掌尖向左；左勾手不变。目视右掌。（图 3–94）

图 3–93　　图 3–94

3. 独立步不变。上体微右转，右掌内旋向后上挑至体右侧，臂伸直，高与肩平，掌尖向后斜上方；左勾手随即外旋变掌向前，经左膝向上抄至左膝前侧，虎口向上，掌尖向前。目视左掌。（图 3–95）

图 3–95

4. 左膝微内转，上体左转，右膝微屈。同时，左掌内旋向左，向后横搂收至左腰侧，右掌变拳向前再向左后屈臂横撞左掌心。（图 3–96）

5. 右脚蹬地起跳提膝，身体腾空。手型不变，目视前下方。（图 3–97）

图 3–96　　图 3–97

6. 左脚落地站稳，右脚向前弹踢出，高与腹平。手型不变，目视前方。（图 3–98、图 3–98 反面图）

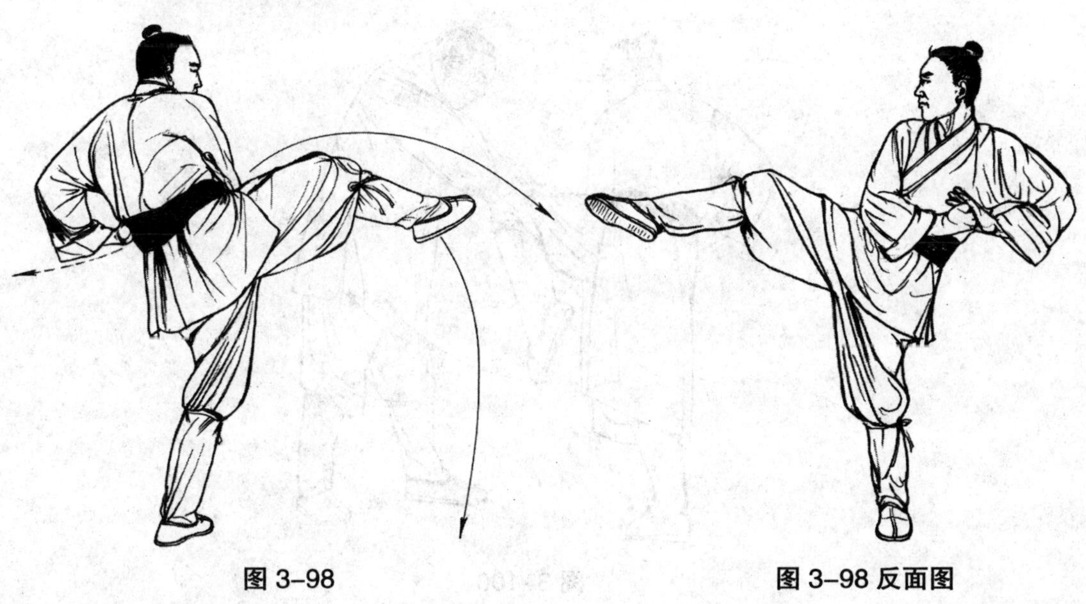

图 3–98　　图 3–98 反面图

【技击应用】

1. 我右脚前踏一步，猛起左脚撩踢敌裆部。敌后滑步收裆，避过我左脚。（图 3–99）

2. 我左脚向前踏落，右膝迅疾撞向敌腹。敌再度后滑步，双手阻按我右膝。（图 3–100）

图 3–99

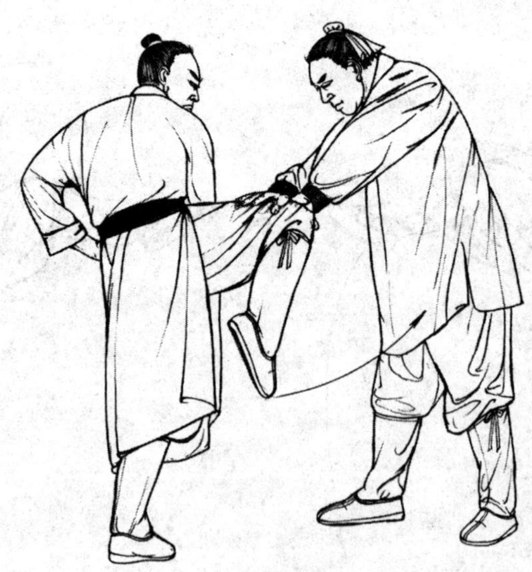

图 3–100

3. 动作不停，我右腿伸膝弹踢，脚尖撩击敌裆部，重创敌方。（图 3–101）

图 3–101

十七、雄鹰抄水

1. 接上势，右脚向前落步，左腿蹬挺，成右弓步。同时，两手变爪向前后分推而出，右爪高与鼻平，坐腕立爪；左爪斜伸于左后侧，低于肩，爪心向后。目视右爪。（图 3–102）

图 3–102

2. 左脚向前跨进一大步，右腿蹬挺，成左弓步。同时，左爪从后向上，经头顶上方向前画弧劈抓，高与胸平，虎口斜向前方；右爪向下，向后，向上画弧，屈臂举爪于头顶右侧上方，爪心向左。目视左爪。（图 3–103）

图 3–103

3. 右膝沉跪，成右跪步。同时，右爪向后，向下画弧，绕至右腰间之际，突然变拳向左前方弧形横勾，高与鼻平，拳眼向上；左爪内收，置于右肩前侧，爪心向下。目视右拳。（图 3–104）

图 3–104

【技击应用】

1. 我左垫步进身，右掌推击敌胸。敌退右步，右掌由内向外拍格我右前臂外侧，将我攻击化解。（图 3–105）

2. 我以右掌向外拦开敌右掌之际，迅疾抢进左步，踏入敌中门，左掌劈击敌心口。（图 3–106）

图 3–105

图 3–106

3. 动作不停，我右膝下跪沉身，右拳横击敌后腰，重创敌方。（图 3–107）

图 3–107

十八、饥鹰掠食

1. 接上势，右脚向前上进一大步，重心移于左腿，成右虚步。同时，右拳向前上屈臂挑架，横置于头额前方，拳眼向下；左掌变拳抱于左腰间。目视前方。（图 3–108）

2. 右脚前移步，左腿蹬挺，成右弓步。同时，右拳向后下画弧收抱于右腰间；左拳向前冲出，高与颌平，拳心向下。目视左拳。（图 3–109）

图 3–108　　图 3–109

3. 步型不变。左拳收抱于左腰间；同时，右拳向前冲出，高与肩平，拳心向下。目视右拳。（图 3–110）

图 3–110

【技击应用】

1. 敌右进步，右拳击打我面部。我左脚撤退一步，沉身下坐之际，右掌上挑，格敌右腕外侧，阻截敌拳攻击。（图 3–111）

图 3–111

2. 随即，我做右弓步，左拳冲击敌心口。（图 3–112）

3. 紧跟着，我以右拳再度冲击敌心口。冲拳两次，重创敌方。（图 3–113）

图 3–112

图 3–113

十九、岩鹰捕鼠

1. 接上势，身体左转，重心移于左腿，成左弓步。同时，右拳外旋收抱右腰间；左拳向前下冲出，高与腹平，拳心向下。目视左拳。（图 3-114）

2. 左弓步不变。左拳外旋变掌向右上画小弧抄起，即向前突变鹰爪叼抓；右掌向左腕下前插。此时，上体略升，目视右掌。（图 3-115）

图 3-114　　图 3-115

3. 右脚前移小半步，重心上升。同时，左爪外旋，右掌内旋，以双腕紧贴缠翻，使在上左爪变下，在下右掌变上。目视左爪。（图 3-116）

图 3-116

4. 左脚尖外摆，右膝跪于左腿下，成歇步。同时，左爪抓握变拳收抱左腰间；右掌向前下切出，略低于左膝。目视右掌。（图 3–117）

图 3–117

图 3–118

【技击应用】

1. 敌滑步进身，右勾拳击打我腹部。我速后滑步，左掌下切敌右腕脉门。（图 3–118）

2. 随即，我用右掌插击敌肚脐部位。敌左手下按，阻截我右掌攻击。（图 3–119）

图 3–119

3. 我右手旋腕绕下，抓击敌方裆部。（图 3–120）

图 3–120

二十、雄鹰巡山

1. 接上势，左脚后退半步，右腿屈膝提起，身微右转向前倾，成独立步。同时，左拳变掌经体前向右腕外侧突变鹰爪叼抓；右掌屈臂经左臂下向左划，置于右臂外侧，掌尖向上，掌心向外。目视左爪。（图 3–121）

2. 右脚向前踏落一步，左腿蹬挺，成右弓步。同时，右掌外旋，离开左臂即内旋变拳，屈臂上抬至右耳旁，再向前下方反臂栽出，拳心向下，高与腹平；左爪变立掌屈臂置于右后臂内前侧。目视右拳。（图 3–122）

图 3–121　　图 3–122

3. 左脚尖外摆，右脚向左脚收一小步，两腿屈膝，成右半马步。同时，左掌向后摆至左侧，右拳后撤内旋，随左掌摆靠至左侧时，左掌握右腕，置于左腋前侧。目视右侧方。（图 3–123）

图 3–123

【技击应用】

1. 敌右脚前移之际，左脚勾踢我方右脚跟。我方左脚后移半步，右腿屈膝提起，避过敌方勾踢。（图 3–124）

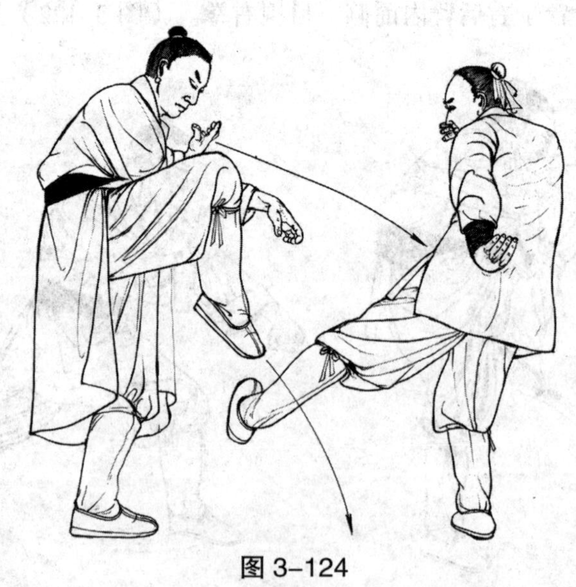

图 3–124

2. 敌脚刚过我方右脚下之际，我右脚迅疾向前踏落，右拳乘机向前下栽击敌小腹。（图 3–125）

图 3–125

3. 动作不停，我前滑步，右臂猛然屈肘，横击敌左肋，重创敌方。（图 3–126）

图 3–126

二十一、铁鹰挂翼

1. 接上势，右脚尖外展，左脚尖内扣，左腿蹬挺，成右弓步。同时，左手松开，举臂上架于头顶上方，虎口向下，掌心斜向上方；右拳变掌，向前方斜劈而出，高与鼻平，虎口向上。目视右掌。（图 3–127）

图 3–127

2. 左脚尖内扣，右脚向左脚后侧方插步，随即右转身，成右弓步。同时，左爪架于头顶不变；右掌变爪，随转身经头顶上方向右前方劈抓，高与肩平，爪心向前，虎口向左。目视右爪。（图 3–128）

图 3–128

3. 右脚向右外侧方横摆半步，左脚向前外侧上一步，体右转，重心右移，成右横裆步。同时，右爪随转身屈肘右拉，置于左肩前侧，虎口向下；左爪变掌向前劈下，高与腹平，虎口向上。目视左掌。（图 3–129）

图 3–129

【技击应用】

1. 我右进步，右爪抓击敌咽喉。敌右脚撤退，右手上挑，用前臂外侧格我右腕外侧，化解我右爪攻击。（图 3–130）

图 3–130

2. 我迅疾将右掌内旋扣抓敌右腕；右脚向外横跨一步，左脚向斜前方上步之际，右手捋带敌右腕向右旋拧，左掌劈击敌右后臂后侧，伤其右臂。（图3–131）

图 3–131

二十二、铁鹰追风

1. 接上势，右脚向右后侧退一步，左脚向前方内侧上半步，随即右转身，成右弓步。同时，右爪向右下画弧抡转收于右侧腹前，爪心向上；左掌随转身向前推出，至右肩前突然变爪向前抓出，高与鼻平，虎口向右，爪心向前。目视左爪。（图 3–132）

图 3–132

2. 右脚尖内扣，左脚尖外展，体左转，成左弓步。同时，左爪收至左腰间，爪心向上；右爪随转身向前扑抓，高与鼻平，拇指在下，爪心向前。目视右爪。（图 3–133）

图 3–133

3. 左弓步不变。右爪旋转收回右腰间，爪心向上；左爪伸臂向前锁扣，高与颌平，虎口向上，爪心向前。目视左爪。（图 3–134）

图 3–134

【技击应用】

1. 我左进步，右爪抓击敌咽喉。敌后滑步，左臂内裹，格我右前臂外侧，化解我的攻击。（图 3–135）

2. 我迅疾旋腕外划，格开敌左臂之际，右脚跨上一步，左爪锁敌咽喉，扣指发力，令敌窒息。（图 3–136）

图 3–135

图 3–136

二十三、鹞子捕雀

1. 接上势，右转体 180 度，成右弓步。右脚尖外展，左膝内跪，脚跟悬提，成左跪步。同时，上体左转，左爪向内、向下画弧，经裆前过左膝向左后上方反撩抓出，高与胯平，爪心向上；右爪旋转左推，置于左肩前侧，爪心斜向左下方。目视左爪。（图 3–137）

图 3–137

2. 左脚跟向内落地，右脚尖内扣，体左转，右腿蹬挺，成左弓步。同时，右爪转向左前方推出，高与鼻平，虎口向里，爪心向前；左爪旋转成虎口向上，置于右肘内下侧。目视右爪。（图 3–138）

图 3–138

【技击应用】

1. 我左脚滑步进身，踏进敌中门之际，突然右转身左跪步，左爪反撩敌裆部。敌吞腹藏裆，避过我左爪。（图 3–139）

2. 我猛然左转身，右爪锁抓敌咽喉，扣指发力，令其窒息。（图 3–140）

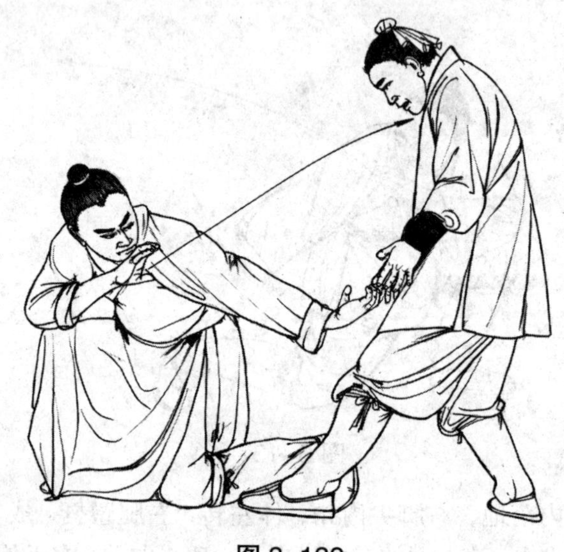

图 3–139

图 3–140

二十四、飞鹰抓鸡

1. 接上势，两脚蹬地跳起，身腾空两爪收至腹前，猛然右转约 180 度，两脚交换落地，成左弓步；同时，两爪向前扑抓而出，高与鼻平。目视双爪。（图 3–141）

2. 右膝下跪，成右跪步。同时，两爪向内下画弧，经左膝前向前抱抓，两虎口向上，爪心相对。目视双爪。（图 3–142）

图 3–141

图 3–142

【技击应用】

1. 我猛然前滑步进身，双爪扑抓敌面部。敌仰身避过我双爪。（图 3–143）

2. 动作不停，我前俯身，双爪下捞敌两踝后侧，猛向怀内提拉，至敌后倒。（图 3–144）

图 3–143

图 3–144

二十五、鹞子穿林

1. 接上势，左脚略前移步，右脚跟步蹬挺，成左弓步。同时，右爪变拳收抱右腰间；左爪变拳向前冲出，高与肩平，拳心向下。目视左拳。（图 3–145）

2. 上体微左转，身略前倾，步型不变。同时，两拳变掌，右掌向前下方插出，虎口向上，高与左膝平；左手成立掌收置右肩前侧。目视右掌。（图 3–146）

图 3–145

图 3–146

3. 左脚尖内扣，身体右转，右腿屈膝上抬，上体略仰起，成独立步。同时，右掌屈臂经胸前随转身向上架于头额前上方，虎口向下，掌尖向左；左掌以横掌向前切出，掌棱向前。目视左掌。（图 3–147）

图 3–147

4. 右脚向右外侧落步，两腿屈膝半蹲，成马步。同时，右掌向后下画弧，经胯侧往前撩出，高与胸平，掌心向上；左掌下按至右肘弯内侧，掌尖向上。目视右掌。（图 3–148）

图 3–148

【技击应用】

1. 我滑步进身，左拳冲击敌面部。敌后滑步仰身避过。（图 3-149）

2. 我迅疾将右脚抢上一步，右掌插击敌裆部。（图 3-150）

图 3-149

图 3-150

3. 紧接着，我左脚跨上一步，右膝飞撞敌胸部。（图 3–151）

4. 动作不停，我右脚向右外侧落步，右手下插抓击敌裆部。连续猛攻，重创敌方。（图 3–152）

图 3–151　　图 3–152

二十六、金鹰戏爪

1. 接上势，重心移于右腿，成横裆步。同时，右掌握拳收抱右腰间；左掌变拳从右肘窝处贴擦右前臂内侧向前冲出，高与肩平，拳眼向上。目视左拳。（图 3–153）

图 3–153

2. 左脚略移，屈膝下蹲，成左跪步。同时，左拳外旋变掌向右画小弧抄起，即内旋突变鹰爪叼抓，高与鼻平，虎口向前，左臂略屈；右拳变爪抱腰不动。目视左爪。（图 3–154）

图 3–154

【技击应用】

1. 敌左进步，左拳击打我方面部。我右脚向右侧闪跨一步，右偏身避过敌拳，同时，左拳冲击敌左腋后侧。（图 3–155）

2. 动作不停，不待敌退避，我迅疾沉身跪左腿，左拳下转变爪，抓击敌裆部。单手连击，先拳后爪，重创敌方。（图 3–156）

图 3–155　　图 3–156

二十七、飞鹰射雀

1. 接上势，左脚向前上进一大步，右腿蹬挺，成左弓步。同时，左爪向前外旋托抓，高与喉平，爪心向上；右爪向左移于左肩前侧，虎口向下，肘尖上抬，高与颌平。目视左爪。（图 3–157）

图 3–157

2. 重心移于左腿，左转体，右脚提起向前方踹出，高与腰平，脚尖向左，力达脚底。同时，右爪向右后反划，斜伸于体侧；左爪内收，屈臂托爪于头部左侧，爪心斜向上。目视右脚。（图 3–158）

图 3–158

【技击应用】

1. 我左进步，左爪上掏敌下颌。敌右脚退步，右前臂旋裹格击我左腕，阻截我左爪攻击。（图 3–159）

2. 动作不停，我体左旋，飞起右腿，踹击敌咽喉，致敌重伤跌出。（图 3–160）

图 3–159

图 3–160

二十八、铁鹰开弓

1. 接上势，右脚向前落步，左腿蹬挺，成右弓步。同时，上体前倾，右爪向下，向前撩抓至体前，高与腹平，爪心向上；左爪内收，置于右肩前，爪心向下。目视右爪。（图 3–161）

图 3–161

2. 左脚向前方上进一大步，右腿蹬挺，成左弓步。同时，右爪向右后侧横摆画弧，伸于体右侧，高与肩平，爪心斜向上；左爪向前画弧扑抓，高与肩平，爪心向下。目视左爪。（图 3–162）

图 3–162

3. 左弓步不变。右爪从右向左画弧横抓，高与鼻平，虎口向左，爪心向下；左爪置于右肘下方，爪心向下，虎口向里。目视右爪。（图 3–163）

图 3–163

【技击应用】

1. 我右脚向前跨一大步，右爪抓击敌裆部。敌右脚后撤一步，右手向下反划，拍格我右爪。（图 3–164）

图 3–164

2. 我左脚迅疾跨上一步，左爪扑抓敌面部。敌仰身避过。（图 3–165）

3. 动作不停，我右爪紧跟而出，横向抓击敌头部左侧；敌方右偏头躲避。我右爪随即扣抓其后脑，以利连击。（图 3–166）

图 3–165

图 3–166

二十九、雄鹰飞腾

1. 接上势，重心移于左腿，右脚蹬地向前上方踢出，高与腹平。同时，两爪向前上提，举臂于头额前上方，虎口相对，爪心向下。目视前方。（图 3–167）

图 3–167

2. 动作不停，右脚略收，左脚蹬地向前上方弹踢而出，身体腾空。同时，两爪变掌向前方伸出，高与眉额平。目视左脚。（图 3–168）

图 3–168

【技击应用】

1. 我左脚向前迈步，右脚猛然弹踢敌胸部。敌仰身避过。（图 3–169）

图 3–169

2. 动作不停，我右脚前踏之际，左脚腾空飞踢敌咽喉，将敌踢翻。（图 3–170）

图 3–170

三十、黑鹰抓心

1. 接上势，右脚落地，左脚随之落地，随即，重心移于右腿，左腿向前蹬出，高与裆平。同时，右掌变爪收于右腰间，爪心向上；左掌旋腕叼抓于左前，肘部略屈，高与胸平，爪心向上，虎口斜向左外方。目视左脚。（图 3–171）

图 3–171

2. 左脚向前落步，右脚内侧向左脚跟靠击，做击步。左脚跟着地，脚尖上翘，膝部伸直，重心坐于右腿。同时，左爪变掌外旋向下，向右上抄起，即向前突变鹰爪推抓，高与喉平，爪心向前，虎口在里；右爪变拳向右直臂抬平，拳眼向上。目视左爪。（图 3–172）

图 3–172

【技击应用】

1. 我右垫步进身之际，左脚向敌裆部蹬击。敌格挡不及，只有佝身藏裆收腹，以避我脚踢之锋芒。（图 3–173）

2. 动作不停，我左脚向前踏落，左爪顺势前扑，推抓敌方心口，随即抖振发力，重创敌方。（图 3–174）

图 3–173

图 3–174

三十一、秃鹰回首

1. 接上势，左脚尖外摆着地，身体左转，右腿屈膝提起，右脚置于左膝内侧，左膝略屈，成独立步。同时，左爪成立掌向前推出，掌尖向上，掌棱向前，高与鼻平；右拳收至右耳旁，随即下落抱于腰间，上体略前倾。目视左掌。（图 3–175）

图 3–175

2. 右脚落在左脚尖前侧，左脚迅速向后撤退一步，成右弓步。同时，右拳内旋向前下方栽出，拳眼向后；左掌屈臂收于右肩前侧。目视右拳。（图 3–176）

3. 身体略上升右转，步型不变。同时，左掌微外旋绕经右臂穿向右腕，掌尖向上，掌心向外；右臂屈收，右拳不变。目视左掌。（图 3–177）

图 3–176　　图 3–177

4. 重心略降，上体向左转，略右侧倾，成右横裆步。同时，右拳外旋向左上，向右，再向体前横截，拳心对鼻；左掌随拳的路线内旋行至右方，形成缠腕动作，即屈臂后收至右后臂内侧，掌尖斜向右上方。目视右拳。（图 3–178）

图 3–178

【技击应用】

1. 敌左垫步进身，右踹腿踢击我头部。我后滑步，右偏身避过敌腿锋芒。（图 3–179）

图 3–179

2. 我趁敌腿势尽，左转身，左手拍敌右膝一次即收回，右爪锁抓敌方咽喉。（图 3–180）

图 3–180

三十二、山鹰弄影

1. 接上势，左脚尖内扣，上体右转，成右弓步。同时，右拳变掌，内旋略向左再向前掠，经面部画弧突变鹰爪叼捋、后带至右太阳穴旁；左掌随捋带之势在右前臂上成俯掌，向前平削，虎口向下，力达掌棱。目视左掌。（图 3–181）

图 3–181

2. 重心左移，右腿屈膝提起，成独立步。同时，右爪变掌外旋下劈，继向左横抄；左掌伸至右腕外侧突变鹰爪向前下叼抓，上体略前倾，左爪心向下；右掌背贴于左后臂外侧，掌尖向上。目视左爪。（图 3–182）

3. 右脚向下落步，脚尖内扣，身体左转 180 度，左脚随体转擦地向后闪退一步，成右弓步。同时，右掌向后抽离左爪，随体转屈臂上抬至右耳旁，即向前插出，虎口向前上方，高与腹平；左爪变立掌在体前画一立圈，屈臂收至右肩前侧，掌尖向上。目视右掌。（图 3–183）

图 3–182

4. 重心左移，右腿屈膝提起，成独立步。同时，左掌前伸至右腕外侧突变鹰爪叼抓，爪心向下，虎口向右；右掌上划，立掌于左前臂外侧，掌尖向上，掌心向左。目视左爪。（图 3–184）

图 3–183　　图 3–184

5. 右脚向前落步，左脚迅速向后闪移小半步，成右弓步。同时，右掌向后抽离，即速成侧立掌向前推出，掌尖向上，高与眉额平，力达掌棱；左爪变立掌在体前画一立弧，屈臂置于右肘内下侧。目视右掌。（图 3–185）

图 3–185

【技击应用】

1. 敌左垫步进身，右脚低踹我右前胫。我迅疾屈膝提起右脚，避过敌脚。（图 3–186）

图 3–186

2. 动作不停，我右脚迅速向前踏落，右掌推击敌方锁骨。敌不及格挡，右落脚左偏身避解。（图 1–187）

3. 我迅疾前滑步，右掌旋转下插敌肚脐部位。（图 3–188）

图 3–187

图 3–188

4. 连招不停，我右掌上翻，变爪锁扣敌方咽喉。一手三击，防不胜防。（图 3–189）

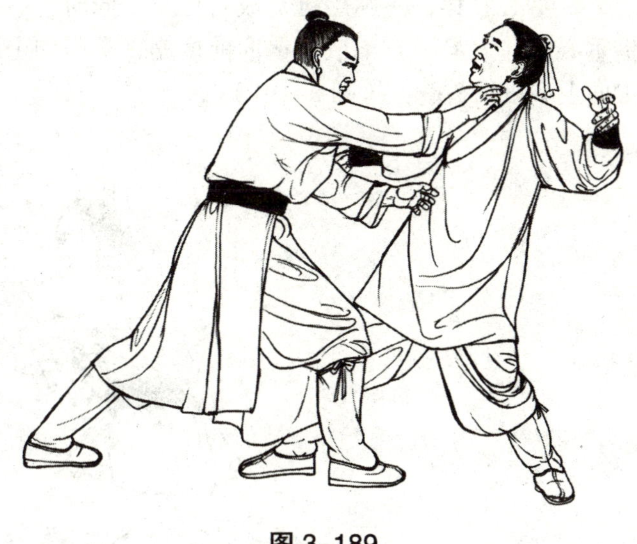

图 3–189

三十三、雏鹰掠翅

1. 接上势，重心左移，两腿屈膝半蹲，成马步。同时，两掌外旋，右掌借下蹲之势变仰掌，右掌变拳收至左仰掌之上，置于腹前。目视右侧。（图 3–190、图 3–190 反面图）

图 3–190　　图 3–190 反面图

2. 重心右移，左腿蹬挺，成右弓步。同时，右拳、左掌贴靠内旋转腕，借重心前移之势，右拳成立拳向前横崩，拳眼向上；左掌置于右肘下侧，掌尖向上。目视右拳。（图 3–191）

图 3–191

3. 身体左转，成左弓步。同时，右拳外旋屈肘，向左挎肘横截，拳面向上，拳心对鼻；左掌按护右肘下侧，掌心向下。目视右拳。（图 3–192）

图 3–192

4. 身体右转，成右弓步。同时，右拳绕经左前臂内侧随体转向右横崩，拳眼向上；左掌置于右肘下侧，掌尖向上。目视右拳。（图 3-193）

图 3-193

【技击应用】

1. 敌左进步，右脚撩踢我裆部。我后滑步，沉身下坐之际，右拳向下磕击敌右脚背，阻截敌脚撩踢。（图 3-194）

图 3-194

2. 动作不停，我一击落敌右脚，迅疾进右步，右拳向前上翻，反背砸击敌面部。（图 3–195）

3. 乘胜追击，我迅速前滑步，旋转右拳，向前上顶击敌咽喉，彻底重创之。（图 3–196）

图 3–195

图 3–196

三十四、雄鹰抖擞

1. 接上势，左脚内收一步，右脚随即前滑一步，成右弓步。同时，右拳向前下沉，突变鹰爪向前叼抓，虎口向前，爪心斜向左方；左掌下按护于右肘下，掌尖向右。目视右爪。（图 3–197）

图 3–197

2. 左脚向前上进一步，屈膝前蹲；右膝下跪（不着地），成右跪步。同时，左掌经右肘下变鹰爪向前叼抓，爪心向上，虎口向前；右爪不变。目视左爪。（图 3–198）

图 3–198

3. 右脚跟落地，右腿蹬直，成左弓步。同时，两爪变掌，右掌向前下插，高与腹平，虎口向上；左掌收至右后臂内侧，掌尖向上。目视右掌。（图 3–199）

图 3–199

【技击应用】

1. 敌右进步，右拳击打我腹部。我左掌向前下切敌右前臂上侧，同时，右爪锁扣敌咽喉。（图 3–200）

图 3–200

2. 动作不停，我左爪随即跟上，拇指扣其喉结。（图 3–201）

3. 随即，我右掌插击敌心口。连续进击，重创敌方。（图 3–202）

图 3–201

图 3–202

三十五、铁鹰扑地

1. 接上势，左脚向右脚尖前收步。随即，两掌按于左脚外侧地面。同时，右腿后伸，擦地向后扫约 180 度弧线。目视右脚。（图 3–203）

2. 动作不停，右脚继续向右后扫约 90 度之际，两手移于右脚内侧地面，重心右移，屈膝全蹲。同时，左腿伸直向前擦地扫至约 180 度。目视左脚。（图 3–204）

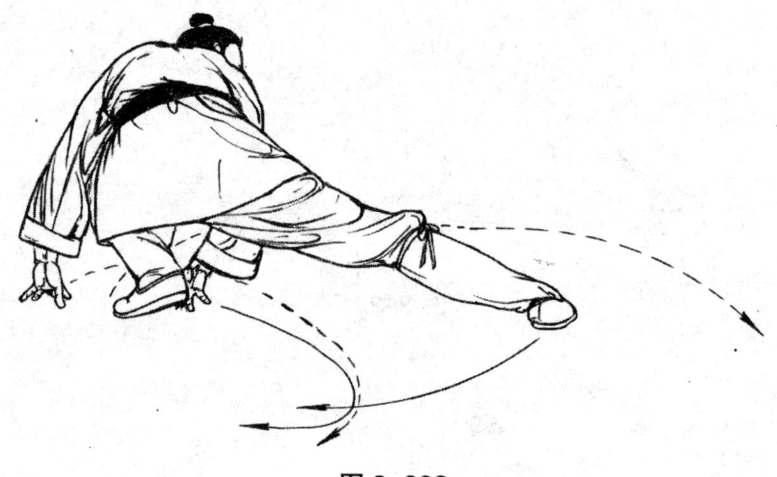

图 3–203

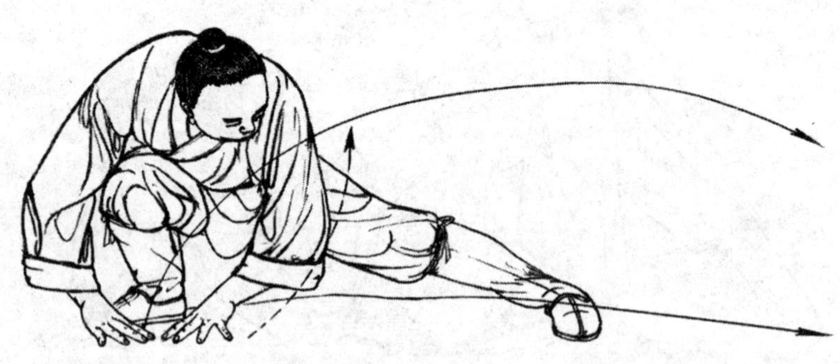

图 3–204

【技击应用】

1. 与敌对峙之际，我突然下蹲，右腿擦地后扫敌右脚跟。敌退步提起右脚，避过我右腿。（图 3–205）

2. 动作不停，我右脚向右后收，重心右移，伸左腿向前扫敌左脚跟，连续两扫，将敌绊倒。（图 3–206）

图 3–205

图 3–206

三十六、雄鹰抖翅

1. 接上势，身体左转，重心左移，右脚向前上进一步，两腿屈膝成右半马步。同时，左掌变爪收于左腰间，爪心向上；右掌变爪向前抓出，高与肩平，爪心向下。目视右爪。（图 3–207）

2. 左腿蹬挺，左脚跟提起，左膝稍屈，成右低弓步。同时，右爪收回抱于右腰间，爪心向上；左爪向前推锁而出，高与喉平，虎口向上，爪心向前。目视左爪。（图 3–208）

图 3–207

图 3–208

3. 左脚内收半步，两腿伸膝立身。同时，右爪随起身向前上挑掌挎肘，右掌高与眉额平，掌尖向上，掌心对面；左爪变掌下按，置于右肘下方，掌心向下，高与腹平。目视右掌。（图 3–209）

4. 两腿屈膝，上体右转，成扭步状。同时，右掌旋转下划，屈指成爪向右肋侧捋带，肘向后引，爪心向下，虎口向前；左掌变爪向右侧前画弧按压，高与腹平，虎口向上，爪心向右。目视左爪。（图 3–210）

图 3–209　　图 3–210

【技击应用】

1. 我滑步进身，沉身屈膝，右爪反抓敌裆部。敌右脚退步，左掌向下反拍我右腕背，阻截我之进攻。（图 3–211）

图 3–211

2. 我迅疾起身成右弓步，左爪抓击敌面部。敌左旋身，右裹臂，用右前臂内侧格阻我左腕外侧。（图 3–212）

3. 我在连出两击均被阻截之际，左爪外旋，贴着敌方右腕旋扣叼抓，同时，两脚迅疾前滑，右手穿过敌右臂下侧向上提挎，控制敌右臂。（图 3–213）

图 3–212

图 3–213

4. 动作不停，我右肘挎住敌臂继续右转，按住其右后臂近肩后侧，两手合力，擒拿敌方。（图 3–214）

图 3–214

三十七、寒鹰抓食

1. 接上势，右脚尖外展，身体右转约 180 度，重心移于左腿，右腿屈膝上抬，上体略仰，成独立步。同时，右掌屈臂经胸前随转身向上架于头额前上方，掌尖向左，掌心向上；左掌以横掌向前撑出于右膝盖前侧，掌棱向前，掌尖向右。目视左掌。（图 3–215）

2. 右脚向右后外侧落步，两腿屈膝半蹲，成马步。同时，右掌向后、向下画弧，经胯侧向前撩出，高与胸平，掌心向上；左掌下按至右肘内侧上方，掌尖向上。目视右掌。（图 3–216）

图 3–215

图 3–216

【技击应用】

1. 敌左进步，右弹腿撩踢我裆部。我后滑步，沉身下坐，成左丁虚步之际，左掌下切敌右脚背，阻截其撩踢。（图 3–217）

2. 随即，我右脚跨上一步，右爪撩抓敌胸口。敌右脚后撤落步，吞胸吸腹，避过我右爪。（图 3–218）

图 3–217

图 3–218

3. 动作不停，我左脚向前跨上一大步，抢入敌方中门，右爪旋转下抓，扣击敌方腹部，发劲抖振，致敌内伤。（图 3–219）

图 3–219

三十八、秃鹰旋风

1. 接上势，重心移于右腿，左腿蹬挺，成右横裆步。同时，右掌握拳收抱右腰间；左掌变拳从右肘窝处贴擦右前臂内侧向前冲出，高与肩平，拳心向下。目视左拳。（图 3–220）

2. 右膝微屈；左腿屈膝提起，身体重心下沉。同时，左拳外旋变掌向右上画小弧抄掌，即向前变鹰爪叼抓，爪心向前，虎口向右；右抱拳不变。目视左爪。（图 3–221）

图 3–220　　图 3–221

3. 右脚蹬地起跳，左脚落步全脚掌踏地；右脚随即以脚前掌点地，两腿屈膝下蹲，成右丁步。同时，右拳向上再向前下屈臂叠肘；左爪变掌，向后，向下托拍右前臂中段。目视右下。（图 3–222）

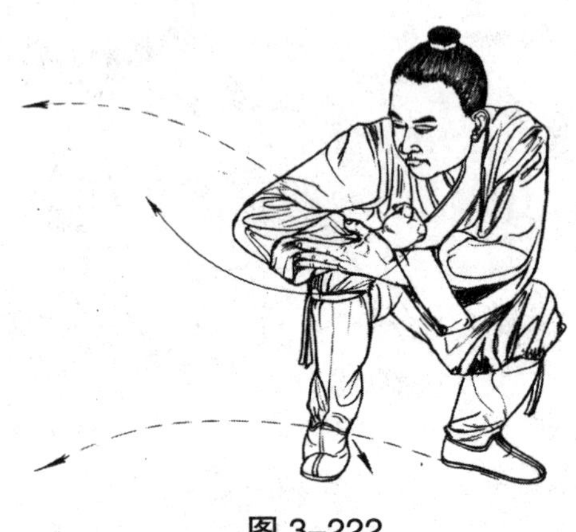

图 3–222

【技击应用】

1. 敌右进步，右拳击打我面部。我左脚向后退步，右旋身，成扭步，同时，右掌上翻，格抓敌右臂外侧，化解敌拳攻击。（图 3–223）

图 3–223

2. 动作不停，我右爪扣抓敌右腕向右旋拧，左脚上步于敌右腿前侧方，身体右转，左肘盘击敌右肘后侧，折伤敌臂，致其前仆。（图 3–224）

3. 随即，我左手伸臂，抓锁敌耳门，大力扣击重创之。（图 3–225）

图 3–224

图 3–225

三十九、秃鹰探险

图 3-226

1. 接上势，右脚跟落地，体右转，左脚向前方跨进一大步，成左弓步。同时，左掌变拳，先内旋翻，拳心向下，然后向上、向外翻臂屈肘前扣，拳心向里，高与鼻平；右拳变掌微内旋向上，向前下按，于左肘下侧成爪。目视左拳。（图 3-226）

2. 重心右移，抬左脚向后收于右膝弯后侧，上体略前屈。同时，左拳内旋里收腹前，拳心向下，拳面向右；右爪外旋变拳上提冲，高与鼻平，拳面向上，拳心对鼻。目视右拳。（图 3-227）

3. 左脚向前落步，脚尖点地，成左虚步。同时，右拳横肘下压，左拳成立拳向前横崩；此时右拳置于左肘下。目视左拳。（图 3-228）

图 3-227

图 3-228

【技击应用】

1. 我左脚进步，左拳前翻扣击敌面部。敌后滑步，并双拳抵住我右拳背。（图 3–229）

2. 我右脚抢进一步，踏入敌方中门，右拳前翻，再度扣击敌面部。敌不及格挡，仰身避过。（图 3–230）

图 3–229

图 3–230

3. 我紧跟跨出左脚，左拳下击敌肚脐部，重创敌方。（图3–231）

图 3–231

四十、雄鹰归巢

1. 接上势，右脚移步至左脚跟，脚尖内扣；随即，左转身，左脚向左后侧退步，成右弓步。同时，两拳变掌，向体侧左右分开，高与腰平，掌心向下，虎口斜向前上方。目视正前方。（图3–232）

2. 右脚内收半步，两掌向胸前收拢，左掌心贴抱于右拳面。随即，左脚向正前方上半步，重心移于右腿，屈膝半蹲，成左虚步；同时，右拳、左掌向前推移而出，高与颌平。目视前方。（图2–233）

图 3–232

图 3–233

3. 左脚后退半步，与右脚并步，正身直立。左掌变拳，两拳同时收抱腰间。目视前方。（图 3–234）

4. 两拳变掌，下垂于体侧。调匀呼吸，收势。（图 3–235）

图 3–234

图 3–235

第四章　鹰爪拳技击法

鹰拳技击，独具特色，注重爪法；贴身近战，沾衣发力；抓打并用，软硬兼施，令敌胆寒。

第一节　鹰爪抓击法

一、抓脸掏裆

1. 我左脚进步，左爪抓向敌面部。敌仰身避过。（图 4–1）

2. 我迅疾转左爪，撩抓敌方裆部，扣指拧扭，重创敌方。（图 4–2）

图 4–1　　图 4–2

二、扑面抓腮

1. 我左进步，左爪扑抓敌面部。敌沉身下蹲，避过我抓击。（图 4–3）

2. 我右爪迅疾向前下撩抓敌左腮。（图 4–4）

图 4–3　　图 4–4

三、掏裆抓眼

1. 我左进步，左爪撩抓敌裆部。敌退步收裆避过。（图 4–5）

2. 我右脚急速跨进，右爪扑抓敌面部，拇指叼扣其眼球。（图 4–6）

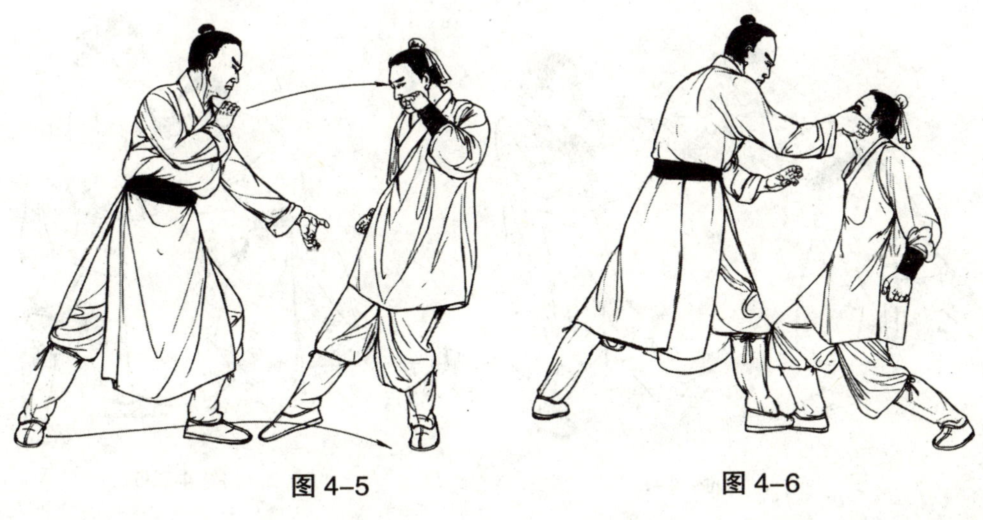

图 4–5　　图 4–6

四、扑爪抓头

1. 我左脚进步，左爪扑抓敌胸部。敌退步，上挑左手，用前臂外侧阻截我左爪。（图 4–7）

2. 我右脚跨进一步，右爪向前横抓敌后脑左侧。（图 4–8）

图 4–7　　图 4–8

五、扑面抓肋

1. 我进左步，左爪扑抓敌咽喉。敌缩颈避过。（图 4–9）

2. 我左脚前移，右跪步矮身，右爪旋转叼抓敌左肋，扣住肋骨发力伤之。（图 4–10）

图 4–9　　图 4–10

六、攻腹抓眼

1. 我进左步，左爪抓敌腹部。敌退右步侧身避过。（图 4–11）

图 4–11

2. 我左步迅疾前移，右爪抓敌面部。敌仰身避过。（图 4–12）

3. 动作不停，我左爪跟进而出，拇指扣敌右眼。（图 4–13）

图 4–12　　图 4–13

七、低踩抓面

1. 我左脚进步，右脚踩敌右前胫。敌收脚避过。（图 4–14）

2. 我顺势向前落步，右爪扑抓敌面部。（图 4–15）

图 4–14　　图 4–15

八、撩裆抓头

1. 我右脚前移步，左撩腿踢击敌裆部。敌右脚向后撤退一步，佝身前俯，左掌下切我左腿前胫部。（图 4–16）

2. 我顺势落步，右爪向前劈抓敌头顶。（图 4–17）

图 4–16　　图 4–17

九、顶肘抓颈

1. 我滑步向前，猛然起左肘顶击敌面部。敌右脚向后撤退一步，右偏身避过我肘击。（图 4–18）

2. 我顺势伸展左臂，左爪反抓敌颈部左侧。（图 4–19）

图 4–18　　图 4–19

十、横肘抓头

1. 我左进步，左肘横击敌方头部右侧。敌右脚撤退一步，左偏身避过。（图 4–20）

2. 我右脚跨进一步，同时，右爪劈抓敌头顶。（图 4–21）

图 4–20　　图 4–21

十一、顶膝抓脸

1. 我右脚进步，左膝飞撞敌腹部。敌右脚撤退一步，吞身避过我膝击。（图4–22）

2. 我左脚顺势向前落步，右爪扑抓敌面部。（图 4–23）

图 4–22　　图 4–23

十二、侧闪抓脸

1. 敌冲身扑来，右拳击打我面部。我见敌来势凶猛，迅疾向左闪步偏身避过敌拳。（图 4–24）

2. 动作不停，闪避同时，右爪经敌右臂上侧抓击敌面部。（图 4–25）

图 4–24　　图 4–25

十三、接腿抓脸

1. 敌左垫步进身，右脚正蹬我腹部。我后滑步避其锋芒之际，左爪抄接敌右脚跟。（图 4–26）

2. 动作不停，我右脚跨进一步，同时，右爪抓击敌面部。（图 4–27）

图 4–26　　图 4–27

十四、侧闪抓裆

1. 敌左垫步进身，右蹬腿踢击我胸部。我迅疾左闪步，右偏身避过敌腿，并用左前臂推敌右膝外侧。（图 4–28）

2. 随即，我左手顺敌右腿下侧前伸抓住敌裆部，叼扣旋拧，重创敌人。（图 4–29）

图 4–28　　图 4–29

十五、转抓后脑

1. 敌左进步，左拳击打我面部。我右脚向右侧横跨一步，闪身之际，左手抓扣敌右腕，同时，右掌劈砍敌左后臂外侧。（图 4–30）

2. 动作不停，我右爪前伸，抓按敌后脑。（图 4–31）

图 4–30　　图 4–31

十六、蹲闪抓裆

1. 敌左脚上进一步，猛起右鞭腿踢击我头部。我迅疾沉身下坐，避过敌腿鞭踢。（图 4–32）

2. 动作不停，我下蹲避腿之际，即前伸右爪抓击敌方裆部，扣指发力，致其重伤。（图 4–33）

图 4–32　　图 4–33

十七、截肘抓腋

1. 敌右进步，右拳击打我面部。我右偏身避躲敌拳，同时，右爪接抓敌右肘。（图 4–34）

2. 随即，左爪前抓，拇指扣击敌腋下极泉穴。（图 4–35）

图 4–34　　图 4–35

十八、截膝抓耳

1. 敌右进步，左脚撩踢我腹部。我右转身避敌锋芒之际，右爪抓扣敌左膝。（图 4–36）

2. 随即，我右手用力往后捋带，使敌前扑之际，左爪顺势抓击敌右耳部。（图 4–37）

图 4–36　　图 4–37

十九、截腕抓头

1. 敌右进步，右拳击打我面部。我后滑步之际，左手外划，接抓敌右腕内侧。（图 4–38）

2. 随即，我左手向左后捋带，右爪顺势向前抓击敌头部。（图 4–39）

图 4–38　　图 4–39

二十、截膝抓脸

1. 敌左跨步进身，右膝冲向我腹部。我左脚向后撤退一步，右爪前伸抓按敌右膝，阻截其攻击。（图 4–40）

2. 随即，我左垫步进身，右爪猛地发劲推敌右膝，左爪乘机前伸抓击敌面部。（图 4–41）

图 4–40　　图 4–41

二十一、攻上抓下

1. 我右脚上步进身之际，右爪抓向敌面部。敌右脚退步，左臂抬肘阻截我右爪。（图 4–42）

2. 我左爪迅速向下抓敌裆部，旋指拧扣，重创敌方。（图 4–43）

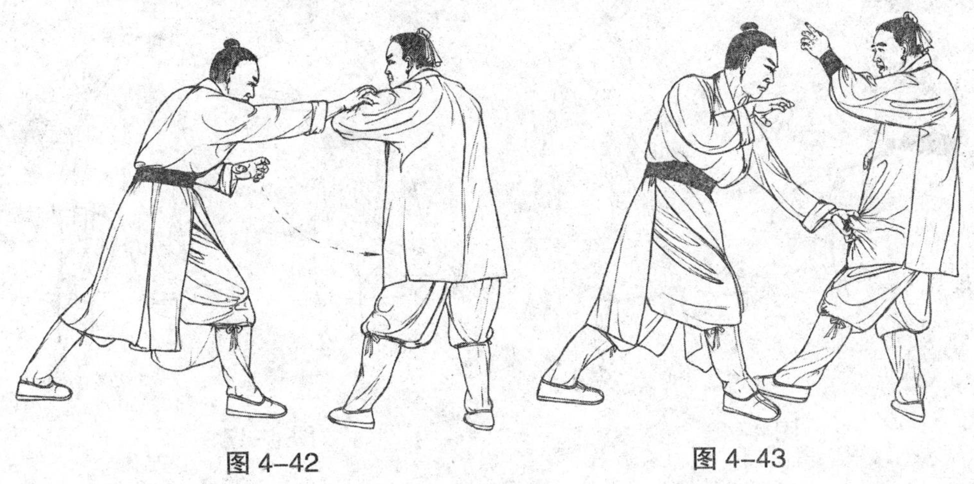

图 4–42　　图 4–43

二十二、连环抓脸

1. 我右进步，右爪扑抓敌面部。敌右脚退步，吞胸缩颈避过。（图 4–44）

2. 动作不停，我左爪紧跟而出，再度抓击敌面部。（图 4–45）

图 4–44　　图 4–45

二十三、诱下抓上

1. 我右脚前移步，左脚向前低弹敌右腿前胫。敌右腿后撤躲避。（图 4–46）

2. 随即，我右脚顺势向前踏落，右爪向前横抓敌颈部。（图 4–47）

图 4–46　　图 4–47

二十四、晃抓后颈

1. 我前滑步，左掌向前虚晃，诱抓敌面。敌退右步挑左手，挡我左掌。（图 4–48）

2. 我右脚上步于敌左脚跟后侧，右爪向前抓击敌后颈。（图 4–49）

图 4–48　　图 4–49

二十五、抓脑击面

1. 敌左进步，右拳击打我面部。我右脚撤步，左手上挑，架住敌右前臂内侧。（图 4–50）

图 4–50

2. 随即，我将左手顺着敌右臂前滑，按抓敌后脑，迫其低头。（图 4–51）

3. 动作不停，我右爪上抄，抓击敌面部，双向合击，重创敌方。（图 4–52）

图 4–51　　图 4–52

二十六、回身抓颈

1. 我左脚前移步，迅疾右转身，右爪反撩抓敌裆部。敌撤退右脚一步，避过我右爪。（图 4–53）

2. 动作不停，我迅速左转身，左爪随转身，反臂鞭击敌颈部左侧。（图 4–54）

图 4–53　　图 4–54

二十七、阻膝抓喉

1. 敌猛冲而来，伸手抱向我头颈部，同时起左膝撞击我腹部，形成箍颈打膝势。我前俯身之际，双掌按住敌左膝，截住敌人攻击。（图 4–55）

2. 动作不停，我猛地一推敌左膝，右爪乘机上穿，锁抓敌咽喉，扣指发力，重创敌方。（图 4–56）

图 4–55

图 4–56

二十八、连环抓裆

1. 敌左脚进步，右冲拳击打我面部。我右脚向右外闪步，上抬左掌架格敌右前臂内侧，阻截敌拳攻击。（图 4–57）

图 4–57

2. 接着，我右脚经左脚后侧插步，左转身，左爪向下反撩敌裆部。（图 4–58）

3. 动作不停，我右转身至敌身后，同时，右手下伸，从敌臂下穿过，抓击其裆。（图 4–59）

图 4–58

图 4–59

第二节 鹰爪擒跌法

一、鹰压云

1. 敌进右步，右探手击我面部。我右爪转腕扣其右腕，左掌顺势上托敌右肘，两手成抱球状。（图 4–60）

图 4–60

2. 我右手反扭上提敌右腕。右脚内收一步之际，左脚插入敌左脚内侧，重心后移至左脚，左前臂向下猛力搓压敌右肘。（图 4–61）

3. 我左脚后蹬，旋腰转胯，猝发抖劲使敌跌出。（图 4–62）

图 4–61

图 4–62

二、鹰锁喉

1. 敌滑步进身，用右拳击打我面部。我速向左侧闪，同时，起右手阻截敌右腕，并以左掌推拍敌右肘，形成敌背我顺之势。（图 4–63）

2. 动作不停，我方借敌右臂回挣之势，右脚进步于敌右腿后侧，右爪锁住敌咽喉猛然向左旋推，令其跌出。（图 4–64）

图 4–63　　图 4–64

三、鹰扑面

1. 敌左脚跨步进身，左拳击打我面部。我斜闪抢进，同时，用左手采拿敌左腕，并顺其来势将其向我左后侧牵拉。（图 4–65）

图 4–65

2. 我借敌左臂回挣之势，左脚上步于敌左腿后侧，右掌按住敌左臂，左爪锁住敌咽喉。（图 4–66）

3. 我按爪前发，向右抖劲，令敌跌出。（图 4–67）

图 4–66　　图 4–67

四、鹰翻翅

1. 敌滑步进身，右拳击打我面部。我右脚向内收步，左脚向左侧摆步于敌右后侧，左偏身避过敌拳锋芒之际，右手顺势擒敌右臂向下捋带，上体右转，左肩挤靠敌右肘。（图 4–68）

2. 敌右臂回挣。我顺势进逼，左肘顶击敌右肋。（图 4–69）

图 4–68　　图 4–69

3. 动作不停，我迅速前挤身，左臂上翻，左爪抓推敌胸，使其跌出。（图 4–70）

图 4–70

五、鹰旋风

1. 敌方左脚跨进，左拳击打我面部。我略左闪，左侧身，左手擒抓敌左腕，右爪抓拿其左肘。（图 4–71）

2. 动作不停，我左脚前滑外锁敌左脚，同时，右爪推按敌左臂，左爪锁拿敌右颈，拇指按住其喉结。（图 4–72）

图 4–71

图 4–72

3. 我右旋体，发力振击，令敌跌出。（图 4–73）

图 4–73

六、双扑抓

1. 敌前滑步进身，右拳击打我面部。我起右手擒抓敌右腕，左爪按住敌臂下捋。（图 4–74）

2. 敌拉臂回挣。我顺其势放开，随即双爪向前猛推敌胸部，使其跌出。（图 4–75）

图 4–74

图 4–75

七、单弹翅

1. 敌用右拳向我面部击打。我左脚退步，右手就势抓拿其腕。（图 4–76）

图 4–76

2. 右旋体，左臂屈肘内裹，由左向右靠撞敌右肘，同时，腰身向右猛然一拧。（图 4–77）

图 4–77

3. 敌坠肘回挣。我则趁势跟进，上左步封住其右腿，并以左臂由上，向前下劈压敌颈部，振劲发力，令敌跌出。（图 4–78）

图 4–78

八、鹰转身

1. 敌前滑步进身，右拳击打我面部。我起右手抓拿敌右腕，左手抓按其右肘，向下捋带。（图 4–79）

图 4–79

2. 敌用力回挣右臂。我顺势上挥左掌，反手甩击敌面部。敌起左掌架住我左腕，阻截我左掌。（图 4–80）

3. 我左掌顺势拿住敌左腕，同时，以右肘向左侧挫靠，发力前撞，使敌跌出。（图 4–81）

图 4–80　　图 4–81

九、鹰滚翅

图 4–82

1. 我右垫步进身，左脚向前一步踏入敌左脚前，左爪锁向敌咽喉。敌后撤右脚一步，抬起左臂架住我左前臂外侧。（图 4–82）

图 4–83

2. 我左爪旋腕扣抓敌左腕，往左后侧方捋带，同时，上体左转，右臂屈肘用前臂外侧裹击敌左后臂外侧。（图 4–83）

图 4–84

3. 动作不停，在敌左臂受击疼痛瞬间，我左脚向后撤退一步，继续左转体，左手与右臂合势向左拧裹发力，使敌重心失衡，跌仆而出。（图 4–84）

十、鹰过岭

1. 敌左脚前移半步，右脚向前上进一步，同时，右拳击打我面部。我右脚向内收步，左脚向左侧方摆步于敌右后侧，左偏身避过敌右拳锋芒之际，右爪抓住敌右前臂向右下捋带，上体右转，用左肩贴住敌右大臂后侧。（图 4–85）

图 4–85

2. 动作不停，我左掌从敌右腋下穿过，反臂向斜上方横拦敌胸，右手松握。（图 4–86）

图 4–86

3. 我左脚尖内扣，上体猛然左旋，两臂抖劲分张，左爪推敌胸部，令敌跌出。（图 4–87）

图 4–87

十一、鹰穿林

1. 敌滑步进身，右拳击打我面部。我左脚侧闪半步，起右爪格阻敌腕外侧。（图 4–88）

图 4–88

2. 我左脚前挪外锁敌右腿，同时，以右臂由下向外撩扫敌胸，并以肩臂挤靠敌身。（图 4–89）

图 4–89

3. 我左臂拧裹，左掌变爪发劲抓推敌咽喉，令敌跌出。（图 4–90）

图 4–90

十二、鹰捉蛇

1. 敌右脚向前移步之际，右腿踹踢我面部。我右脚迅速退步，两爪于胸前叼抓踹来之腿，右爪抓住其脚跟，左爪托住其小腿。（图 4–91）

2. 动作不停，我左脚前移，右爪前推，左臂托住敌右腿前翻，整体发力，将敌掀跌而出。（图 4–92）

图 4–91　　图 4–92

十三、鹰抱鸡

1. 敌右脚猛然上进踏向我方左脚内侧，右拳摆击我头部左侧。我不退，上体往右侧倾偏闪避其锋芒，即沉身前移左步于敌右腿后侧，右手下伸捞住其右膝弯，左臂前伸拦格敌胸部。（图 4–93）

图 4–93

2. 我右手兜提敌右腿，左爪、左臂拦压敌胸，迫使敌向后仰翻。（图 4–94）

3. 动作不停，我猛然左旋体，双手合力将敌向左侧甩出跌倒。（图 4–95）

图 4–94　　图 4–95

十四、鹰盘翅

1. 敌左脚跨步，左拳击打我面部。我起左爪叼抓敌腕，以右爪劈击敌左肩后侧。（图 4–96）

2. 敌臂被劈，坠肘回屈。我顺势进逼，左手压住敌腕推向其右肩，右手配合锁拿敌臂，形成盘肘锁拿势，同时，用左脚外锁敌左腿。双爪发力，向右旋劈敌胸，使其仰跌。（图 4–97）

图 4–96　　图 4–97

十五、鹰扑虎

1. 我左滑步进身，左爪抓敌面部。敌右脚向右侧摆一步，右偏身避我锋芒，同时上扬左手格我左腕外侧，阻截住我进攻。（图 4–98）

图 4–98

2. 敌手刚一沾到我左腕，我即迅疾旋腕扣抓敌左腕，右掌从其左臂内侧穿入，按住其肩头，同时，左脚向左侧摆，右脚上步管住敌左脚跟。（图 4–99）

图 4–99

3. 动作不停，我左手松握，右爪按住敌肩头猛地向右下振劲发力，致敌后倒跌地。（图 4–100）

图 4–100

第五章　浑元大力鹰爪功

浑元大力鹰爪功，以刚为主，刚中有柔，刚柔相济；内壮为主，外练为辅；不用蛮力，不易出偏；功效显著，实用性强。此功一旦练成，双爪利如钢钩，发力可碎杯、弯铁，折竹裂木；制敌可伤筋断骨，破皮洞肉，出爪敌瘫。

第一节　内壮功

1. 并步正身直立，两掌垂于体侧，呼吸自然。目视前方。（图 5–1）

2. 双掌屈指握拳，收抱腰间。（图 5–2）

3. 左脚向左横跨一步，屈膝下蹲，成马步。头平项正，腰挺背直，舌抵上腭，澄心静息。（图 5–3）

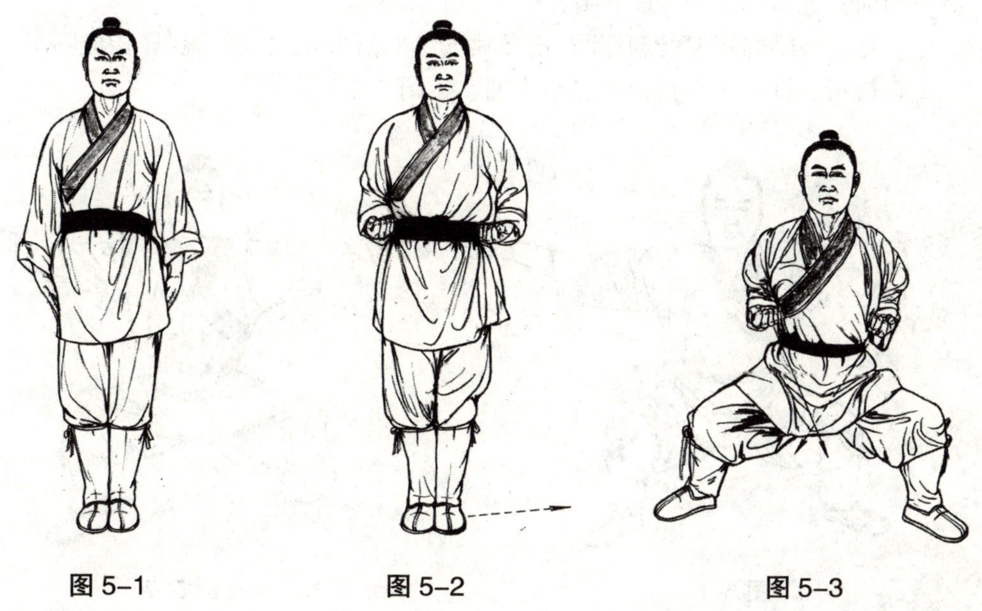

图 5–1　　图 5–2　　图 5–3

4. 鼻吸气。同时，双拳变掌下伸于裆部前下侧，成交叉十字手，左掌在下，右掌在上，掌尖向下，掌背向前。（图 5–4）

5. 随吸气，双掌交叉举于头顶上方，掌心均向上，双肘屈曲，同时用意念将丹田之气导至双手十指。（图 5–5）

图 5–4

图 5–5

6. 动作不停，随吸气，双掌再向左右分开。至双臂平肩时，气刚好吸满，掌心向前，虎口向上。（图 5–6）

7. 在上势刚好定型的刹那间，用鼻喷气。同时，双掌抖劲折腕，屈指成叼手，劲重在拇指、食指、中指，余二指为辅。（图 5–7）

图 5–6　　图 5–7

8. 接上势，鼻吸气。同时，十指伸开成掌内收，至两肩前时，屈肘立臂，掌心向后，掌尖向上。（图 5–8）

9. 掌尖内旋，至掌尖对肩时，两掌再随吸气下撑于两膝侧停住，掌心向里，掌尖向下，虎口向前。此时气已吸满。（图 5–9）

图 5–8

图 5–9

10. 在上势定型后，鼻迅疾喷气，双掌旋腕扣指成鹰爪，爪心向上，虎口向外。（图 5–10）

11. 以鼻吸气，双爪握拳收提至两胁（乳外旁）。气吸满后即徐徐呼出，双拳握固不可放松。（图 5–11）

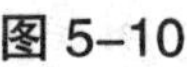

图 5–10

图 5–11

12. 接着，用鼻徐徐吸气。同时，双拳成掌向胸前交叉，再向左右分开成屈臂举掌势，掌尖向上，掌心向前，此时气刚好吸满。（图 5–12）

13. 用鼻喷气。同时，两掌猛地向外、向下画弧收至腰间，并抖劲叼扣成鹰爪，爪心向上，虎口向外。（图 5–13）

图 5–12

图 5–13

14. 以鼻吸气。同时，两爪伸指成掌，沿两肋前向上提至与颏平，再向左右旋臂分开至肩前停住，掌心向前，掌尖向上。此时气已吸满。（图 5–14）

15. 随即以鼻喷气，双掌抖劲旋腕扣指成叼手，虎口向后，两爪心遥遥相对。（图 5–15）

图 5–14

图 5–15

16. 随吸气，双爪伸指成掌，掌心向后，竖臂上提，至掌尖与耳齐高时停住，气也吸满。（图 5–16）

17. 随即鼻喷气。同时，双掌猛地挽臂，犹如收拳抱腰动作，抖腕扣指成鹰爪收于腰间，虎口向外，爪心向上。（图 5–17）

图 5–16

图 5–17

18. 吸气，两爪握拳，收抱于两胁侧（两乳旁）。（图 5–18）

19. 接着，以鼻呼气。同时，左拳变掌外翻向左推出，至臂伸直为度，掌尖向上。目视左掌。（图 5–19）

图 5–18

图 5–19

20. 气吸至满。然后右转体，配合鼻喷气，左掌自左经下向右前方捋手抄起，扣指握拳，拳心向上；左膝挺直，成右弓步。（图 5–20）

图 5–20

21. 接着，用鼻快速吸气一口。迅疾喷出。同时，左拳收抱左腰，下盘力向左坐成马步；右拳变掌抖劲向右前方推出，掌尖向上。目视右掌。（图 5–21）

22. 吸气至满。配合鼻喷气，左转身，成左弓步；同时，右掌自右经下向左前方捋手抄起，扣指握拳，拳心向上。（图 5–22）

图 5–21　　图 5–22

23. 右转体蹲成马步，右拳收于右腰间，调匀呼吸。（图 5–23）

24. 接上势，以鼻吸气；同时，双臂屈肘两拳上提，至齐耳时，气刚好吸满，拳心向后。（图 5–24）

图 5–23

图 5–24

25. 随即，以鼻喷气。同时，双拳猛地外翻，在拳心向前时变为鹰爪，继而抖劲向左右分开推出，虎口向前，爪心向外，双臂伸开。（图 5–25）

26. 吸气，双臂后展再挽臂，旋腕至爪心向前时，鼻喷气，双爪抖力叼扣，挺爪置于腰间，虎口向外，爪心向上。（图 5–26）

图 5–25

图 5–26

27. 接上势，以鼻吸气。同时，两爪屈臂上提，至肩高时，两爪变掌外翻，掌心向前。（图 5–27）

28. 双掌继续向左右外展、下沉、里收，握拳抱于肋间。（图 5–28）

图 5–27

图 5–28

29. 左脚向右脚内侧收拢，并步正身直立，两拳下移腰间。（图 5–29）

30. 松拳成掌，垂于体侧。最后将气徐徐呼出，放松身体，此段内壮大力法即告收势。（图 5–30）

此套动作可以连续重复练习。每日早晚行功一次。

记住，吸气时动作要缓而有力，蓄势待发。发力时要与鼻喷气紧密配合，发力干脆且具抖振劲，以使双手鹰爪练成骤发之大力。

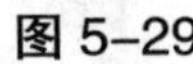

图 5–29

图 5–30

第二节　卧虎功

卧虎功，练时俯卧而行，专门练习鹰爪之劲。

1. 将身卧于地，各部挺直，脚趾支地，两手置于头部两旁，指尖向前，掌心贴地。（图 5–31）

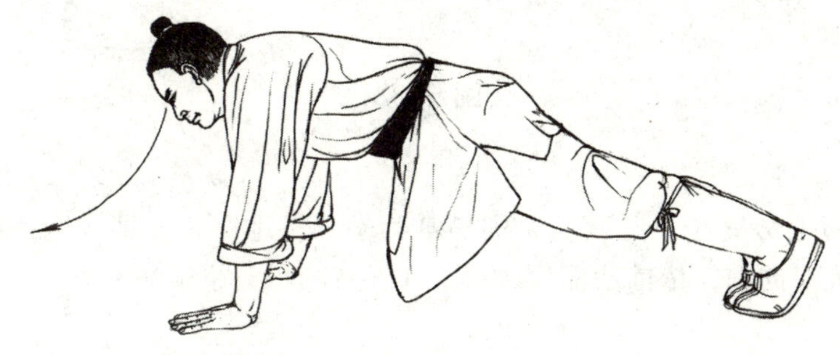

图 5–31

2. 缓缓将身向前探去。至极度时，两足向后挫，身亦随即后退。退至极度，再行前探，循环往复，力尽而止。自始至终，全身除足趾、手掌之外，其余各部，完全悬空，不宜稍令贴地。初行二三度，即觉力疲气涌。习之既久，次数自能逐渐增加。（图 5–32、图 5–33）

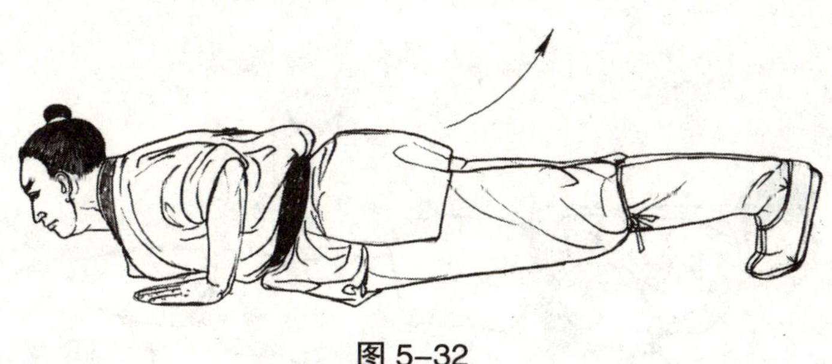

图 5–32

图 5-33

3. 练习上势完全不觉其苦，则易掌为拳，拄地行之。即用两手握拳，拳面贴地，虎口向前，依前法而探、退。（图 5-34 ～图 5-36）

图 5-34

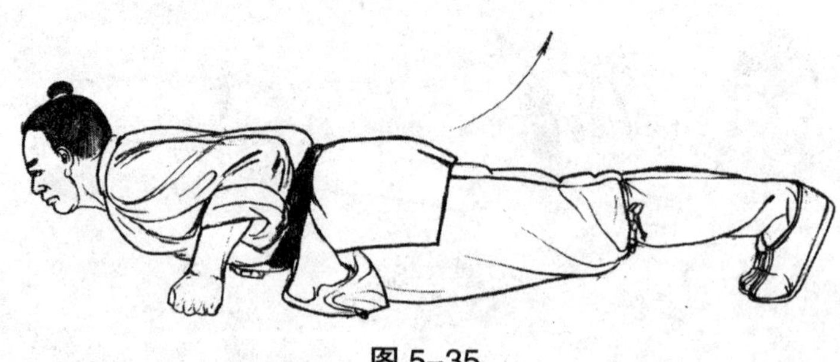

图 5-35

图 5–36

4. 再进一步，易拳为指行之。（图 5–37 ~ 图 5–39）

图 5–37

图 5–38

图 5–39

5. 更进一步，则单用一足之趾拄地，其另一足则叠置拄地之足跟上，依法练之。两足交换而行。（图 5–40 ~ 图 5–42）

图 5–40

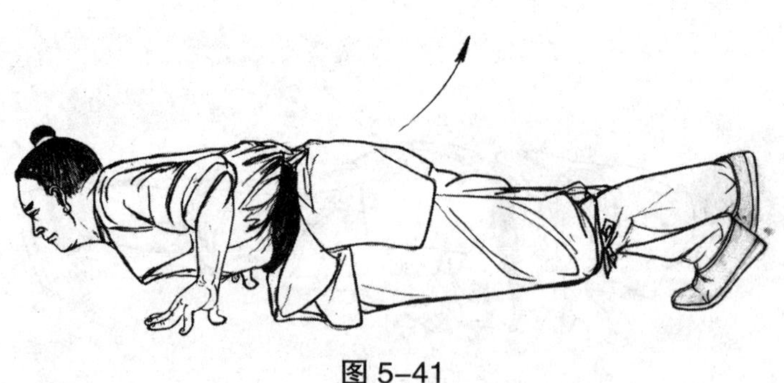

图 5–41

图 5-42

6. 最后，再缚石于背，勤加练习。石之重量，亦由轻而重，逐渐增加，从十余斤而加至百斤为度。（图 5-43 ~ 图 5-45）

至可背负百斤之石，以指按地而行功夫，历久亦不觉劳累费力，则功告大成。

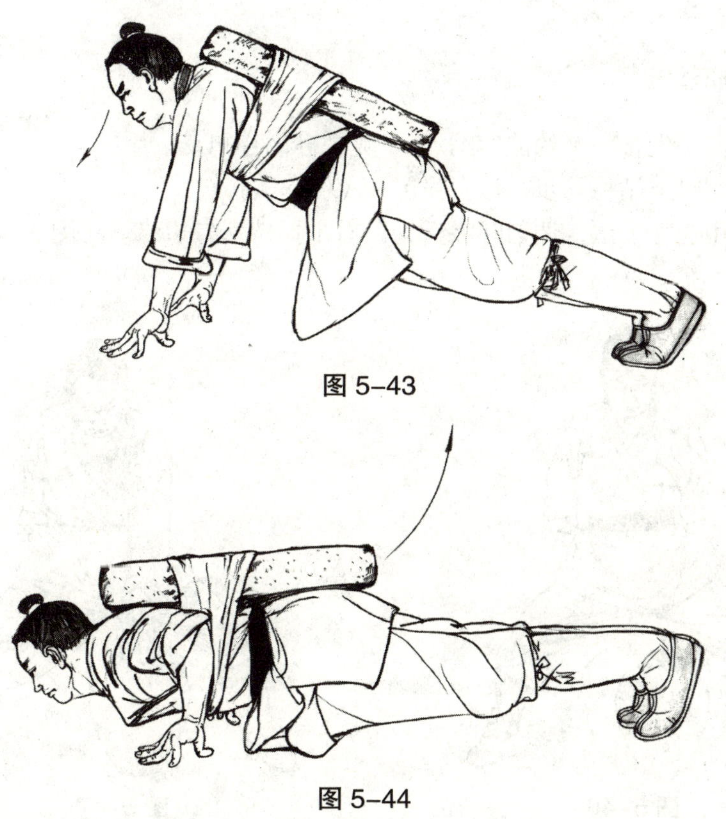

图 5-43

图 5-44

图 5–45

第三节　擒抓功

一、抓酒坛

练功前，先备一个约能容纳 50 千克铁砂的小口坛。

1. 练功时，站稳马步，坛置身前。（图 5–46）

2. 采用逆呼吸法，调匀呼吸后，以右爪抓持坛口边缘。（图 5–47）

图 5–46

图 5–47

3. 先以鼻吸气，待气吸满之后，闭气，以意导气贯注爪指，同时提坛，至与肩平齐。（图 5–48）

4. 待爪抓坛口不能支持时，即将坛缓缓放下。同时，以鼻徐徐呼气，放松。（图 5–49）

5. 换练左爪，方法相同。（图 5–50、图 5–51）

图 5–48

图 5–49

图 5–50

图 5–51

如此反复练习。

初习时，先抓提空坛。逾数月后，即能随意提降百余次，则加 5 千克铁砂入坛。练至也能随意提降百余次后，再加入 5 千克铁砂依法行功。逾越百次而又加之。

如此循次将铁砂增至 50 千克，也能随意提降百余次而力不乏、气不涌时，爪力已足惊人。

二、抓木桩

以坚木一株，钉入土中，务使结实，练者立其旁，以鹰爪扣住桩之上端，用力提拔，似欲将桩拔起。（图 5–52）

至指力不胜时，即稍休息，然后续行。或两手交互而行之。每日分晨、夕二次练习，每次以 2 小时为度。如遇闲暇时，多行几次尤佳。

提拔之时，须用直劲向上，不可向旁扭扒。在入手之初，正如俗语所谓“蜻蜓撼石柱”，决难移动分毫。然每日勤行，功力逐渐增加，其桩必能缓缓拔起，由分毫而盈寸，由寸而递尺，全桩终可应手拔起。（图 5–53）

图 5–52

图 5–53